新时代班组建设：

学习与成长

中国煤炭工业协会
陕西省煤炭工业协会
陕西煤业化工集团有限责任公司
陕煤集团神南产业发展有限公司
○编

应急管理出版社
·北　京·

图书在版编目（CIP）数据

新时代班组建设：学习与成长 / 中国煤炭工业协会等编. -- 北京：应急管理出版社，2024

ISBN 978-7-5237-0028-0

Ⅰ. ①新… Ⅱ. ①中… Ⅲ. ①企业管理—班组管理 Ⅳ. ①F273

中国国家版本馆 CIP 数据核字(2023)第 222158 号

新时代班组建设：学习与成长

编　　者　中国煤炭工业协会　陕西省煤炭工业协会
陕西煤业化工集团有限责任公司
陕煤集团神南产业发展有限公司
责任编辑　成联君
责任校对　李新荣
封面设计　赵怡嘉

出版发行　应急管理出版社（北京市朝阳区芍药居 35 号　100029）
电　　话　010-84657898（总编室）　010-84657880（读者服务部）
网　　址　www. cciph. com. cn
印　　刷　海森印刷（天津）有限公司
经　　销　全国新华书店

开　　本　710mm×1000mm 1/16　**印张**　8　**字数**　103 千字
版　　次　2024 年 1 月第 1 版　2024 年 1 月第 1 次印刷
社内编号　20230831　　　**定价**　45.00 元

编 委 会

前 言 ▶
PREFACE

学以致胜，成就自我

在新时代企业建设的浩荡潮流中，班组建设对于推动企业发展、增强员工凝聚力、培养人才、加强沟通协调和建立和谐劳动关系等方面都具有重要意义。企业应高度重视班组建设，积极投入资源和精力，为班组提供良好的发展环境和支持，实现共同进步和共赢发展。

班组要想跟上时代步伐，实现蓬勃发展，并非易事。学习与成长，成为探索班组建设的关键路径。只有善于学习，才能获得成长。通过学习，班组长可以用新思维、新角度去发现安全、生产、设备、工艺、质量等方面存在的问题和难点，营造出人人有创新、争优比贡献的生产氛围。通过提高班组成员的技术、业务、文化等综合素质，引导成员立足本职岗位，紧抓工作质量，提升工作效率，实现技能成才，进而推进班组建设。

我们深知学习和成长的重要性，因此精心编写了本书，旨在给予班组长全方位的学习指引和成长启示。本书以学习与成长为主题，包括学习和成长两个篇章。学习篇明确了班组长的角色认知和学习内容，通过学习专业知识、管理知识和职场礼仪知识等，实现班组长素质的全方位提升，以适应新时代变革和班组建设的需要。成长篇则系统阐述了班组长的成长路径，助力他们在实干担当中奋进，在自我提升中成长，在岗位建功中成才。

本书不仅注重理论知识的传递，更倡导实践与行动，提供了实用案例和具体工具。通过案例分享和实操步骤详解，让抽象的概念具体化，帮助班组长将知识转化为行动，把学到的知识应用到实际工作中去，并通过不断反思和总结，帮助班组长培养自主学习的能力，使其在新时代中不断蜕变，进而实现个人和班组的持续成长。

然而，由于编审者时间和水平有限，书中难免存在不足之处，敬请广大读者提出宝贵意见，以期完善。最后，本书能够顺利出版，得益于编委会成员的辛苦付出，以及相关专家和学者的悉心指导，在此表示由衷的感谢！

在这个飞速发展的时代，持续学习和不断成长，已成为班组应对新挑战、创造新价值的必由之路。本书将为班组开启一段精彩的学习与成长之旅，引领班组踏上新的征程，激励班组长与班组成员携手共同努力，迎接新时代的挑战，书写出卓越班组的辉煌篇章。

编者

2023 年 9 月

目 录

CONTENTS

第一篇　学习篇

第一章　做一个有智慧的“领头雁” / 003
第一节　班组长是执行者 / 004
第二节　班组长是领导者 / 005
第三节　班组长是合作者 / 006

第二章　掌握三大知识，实现自我提升 /007
第一节　学习专业知识，提升业务水平 / 008
第二节　学习管理知识，提高工作实效 / 009
第三节　学习职场礼仪，提升自我修养 / 012

第三章　提升执行能力，勇担当敢作为 / 017
第一节　明确执行的目标 / 018
第二节　落实执行的责任 / 021
第三节　掌握执行的方法 / 024
第四节　从现在开始行动 / 027

第四章　强化日常管理，提升工作实效 / 031
第一节　开好班组例会 / 032
第二节　做好日常工作 / 035
第三节　调节班组矛盾 / 038

第五章　勤于动笔写作，提高写作水平 / 043
第一节　写作的重要性 / 044
第二节　写作的基本要求 / 046
第三节　写作方法与技巧 / 049

第六章　提升交流能力，实现高效沟通 / 065
第一节　敢说，把握讲话机会 / 066
第二节　会说，实现有效沟通 / 067
第三节　精彩说，学会展现自己 / 071

第二篇　成长篇

第七章　在实干担当中奋进 / 077

第一节　以践促学增才干 / 078

第二节　以赛促干强本领 / 084

第三节　人人都是班组长 / 087

第八章　在岗位建功中成长 / 091

第一节　争创先进展作为 / 092

第二节　立足岗位挑大梁 / 094

第三节　成为金牌班组长 / 095

第九章　在自我提升中成才 / 103

第一节　锤炼技能铸匠心 / 104

第二节　示范引领共成长 / 106

第三节　聚力创新谋未来 / 109

第十章　在学习中实现成长 / 113

第一节　在学习中成长 / 114

第二节　在成长中学习 / 115

第一篇

学习篇

第一章　做一个有智慧的“领头雁”

每年秋季，天空中会有成百上千只大雁展翅高飞，它们排成“一”字形或“人”字形，跋涉千里之远从北方飞往南方过冬。在雁群中，头雁会分别带领队伍，在前方发挥领头雁作用，引领雁群朝着正确的方向飞行。

作为领头雁，必须要有智慧，这样才能引领雁群顺利抵达南方。在班组中，班组长就是班组的“领头雁”。一个班组有没有战斗力，能不能顺利完成各项工作任务，关键就取决于班组长这个“领头雁”的示范作用能否有效发挥，能否团结和引领全班组员工朝着正确的目标前进。

第一节　班组长是执行者

站在企业角度，班组长是执行者。做一个高效的执行者，班组长要做好以下几个方面的工作：

一、坚决贯彻执行各种规章制度

在生产中，班组长要坚决杜绝违章指挥，坚决贯彻执行安全生产规章制度和安全技术操作规程，发挥模范带头作用，同时严格要求员工遵守规章制度，避免安全事故发生。

二、不折不扣地完成工作任务

对于上级领导安排的工作任务，班组长要坚决执行，不找任何借口。同时就如何完成任务提出建议和所需要的帮助，还要根据工作任务的具体要求创造性地开展工作。

三、具有务实求真的工作态度

班组长是基层一线工作者，必须树立真抓实干、精益求精的工作态度，脚踏实地在务实上下功夫，同时注重对细节的把控，把每一项工作任务都做好、做扎实。

四、及时、准确地向上级汇报工作情况

班组长要正确领会上级的意图，与上级沟通，了解工作思路、工作重点及实施步骤；还要及时向上级汇报任务完成情况，以便上级更好地指导下一步工作。

第二节　班组长是领导者

站在员工角度，班组长是领导者。做一个专业的领导者，班组长要做到以下几点：

一、发挥好模范带头作用

班组长要用自己的实际行动带动班组员工的积极性。班组长虽然是最基层的领导者和管理者，但在安全生产中负有很大的责任，必须以身作则、遵规守矩。

二、具有“将”的谋略

班组长作为“兵头将尾”，不仅要有“兵”的干劲，还要有“将”的谋略，要严格要求自己，在技术上要精、工作上要实、管理上要严，依靠卓越的管理能力赢得员工认可，用卓越的领导智慧带动班组发展。

三、履行好自己的职责

在班组生产管理中，班组长作为领导者和管理者，要履行好搞好安全生产、做好任务分工、提高生产质量、沟通协调下级的职责，确保班组及时高质量地完成工作任务。

四、具有目标管理能力

为班组设立工作目标，并且要与企业发展目标紧密结合；为班组制定工作计划，要做到与企业同计划、同部署、同落实；要善于分解目标，将上级下达的工作任务分解成班组成员的工作任务和目标，增强员工的参与意识，加快目标完成的速度。

五、具有解决问题的能力

在日常管理中，班组长要善于发现问题、解决问题，做好日常工作的督导检查，找出问题产生的原因，并及时采取有效的对策解决问题。

六、具备创新意识

班组长要立足岗位职责，不断创新工作方法，不断培养创新思维，不断学习先进理念，激发班组成员的创新活力。

第三节　班组长是合作者

站在同行角度，班组长是合作者。做一个优秀的合作者，班组长要做到以下几点：

一、坚持一切从大局出发

不仅要关注本班组发展情况，还要对企业生产状况有所了解，坚持局部服从整体的原则。

二、具有协调配合的能力

对其他班组长来说，班组长是协作者和竞争者。在工作中，班组长要与其他班组长沟通协作、互通有无，积极分享工作经验，并共同探讨解决问题的途径和方法。

三、具有交流倾听的能力

要认真倾听合作者的想法和建议，通过良好的沟通交流，避免矛盾和摩擦的产生，营造融洽的氛围，从而与对方建立起牢固的信任关系。

四、养成尊重他人的习惯

班组长之间是同事和战友关系，在日常工作中待人接物要真诚，学会互相尊重，善于换位思考，这样才能长期保持良好的协作关系。

第二章　掌握三大知识，实现自我提升

班组长要从专业知识、管理知识和职场礼仪三方面入手，从中学习到充足的知识，实现自我提升，进而加强班组管理。

第一节 学习专业知识，提升业务水平

一名优秀的班组长，想要顺利完成生产任务和开展各项管理活动，就需要格外注重提升个人业务水平。学习并掌握相关专业知识是成为一名合格班组长的前提条件。

一、基本业务知识

班组长要全面掌握班组工作范围内的作业环境、实操技能知识、管控知识和应急知识等基本业务知识，做到专业技术强、应急能力强、相关业务熟练，从而实现班组的提质增效。

二、生产技术知识

班组长要掌握专业生产技术和相关的实际操作能力，确保自身的技术知识和操作水平高于班组成员，可以为其提供指导，并及时纠正错误，跟进成员工作流程和项目工作进度。

班组长还应掌握相关设备知识，做到可以预测设备是否存在安全隐患，可以对设备进行保养和修护，使设备保持良好的工作状态。

随着技术和信息的快速发展，企业也会及时引进新技术和新设备。对此，班组长必须要在第一时间学习和了解新技术、新设备、新工艺，并及时传授给成员。

三、组织管理知识

班组长应具有战略眼光和统率全局的能力，既要在空间上兼顾到各个方面的工作，还要在时间上照顾到工作的进展情况。

班组工作需要班组长根据班组人员数量和能力进行劳动分工和协作，并根据不同的生产要求，将相关成员组织在一起，及时推动成员完成生产任务和目标。

四、班组文化知识

班组长的文化知识素养包含了文化水平、知识结构和实际经验等方面，从中提炼班组特有的精神文化。

班组长要通过不断学习，使自己的知识结构更为合理。一方面，要广泛阅读文化和科学知识类的书籍，开拓自己的视野；另一方面，要通过阅读相关资料、请教专业人员或有经验的老员工，强化自己的专业知识，提升自己的管理能力和专业能力。

班组长要将自己学习到的理论知识，应用到班组的实际生产和管理实践中，不断丰富自己的工作经验，进一步提升自己分析问题和解决问题的能力。

企业文化是凝聚人心的重要力量，班组长要熟知企业文化内容，并将企业文化有形化，融入日常工作。在企业文化的引导下，营造出积极向上的班组文化氛围，发扬优秀班组精神，对外树立良好的班组形象。

五、企业制度知识

班组长必须要熟知企业和班组的管理制度、岗位职责和绩效考核等内容，以身作则，严格要求自己和成员按制度办事、按流程办事，确保每项工作都符合标准和要求，推进班组标准化作业，提升工作质量和效率。

第二节　学习管理知识，提高工作实效

班组长作为安全生产的重要责任人，必须学习并掌握管理专业知识。这样既可以提升自己的专业素养，还可以带领班组更好发展。

一、班组管理

管理，是为了确立并完成组织目标的方法、步骤和过程。

在班组中，管理往往是由上级下达的班组作业计划，班组长在接收到计划之后，首先要做的就是将任务分解给每个员工，然后通过组织作业计划的执行和控制来协调班组生产、经营和活动。班组长在分解任务时，可以采用目标多杈树分解法（图 2–1）。

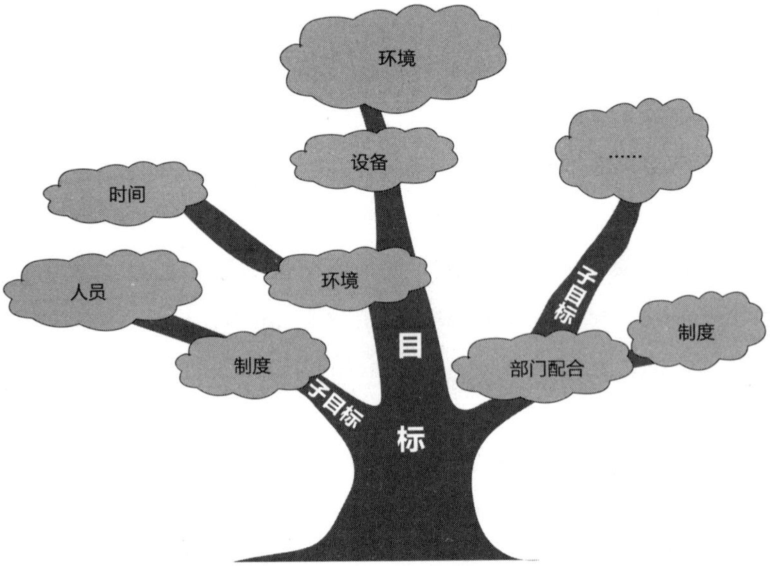

图 2-1　目标多杈树分解法

在目标多杈树中，目标通常以树干的形式呈现，每根树杈都代表着一个子目标，而树叶代表的则是完成目标的各种因素。子目标是实现目标的方法和路径，目标是子目标最终指向的结果，目标的实现是各个子目标实现的“和”。

二、目标多杈树分解法的步骤

首先，写下目标；然后思考实现目标需要哪些策略，列出可能的策略并添加到树杈上的子目标框里。这些子目标是实现目标的步骤，在达到目标之前，首先是子目标的达成。接下来，再考虑完成每个子目标的因素，这些因素就是多杈树的“叶子”。

按照这样的步骤，目标就会被描绘成一棵枝繁叶茂的大树，各项工作目标也会一目了然。

三、个人管理

班组长既要管班组，也要管自己。一流的班组长，做事必须要有计划。为此，班组长可以借助“有效计划法”这一工具，如图 2-2 所示。

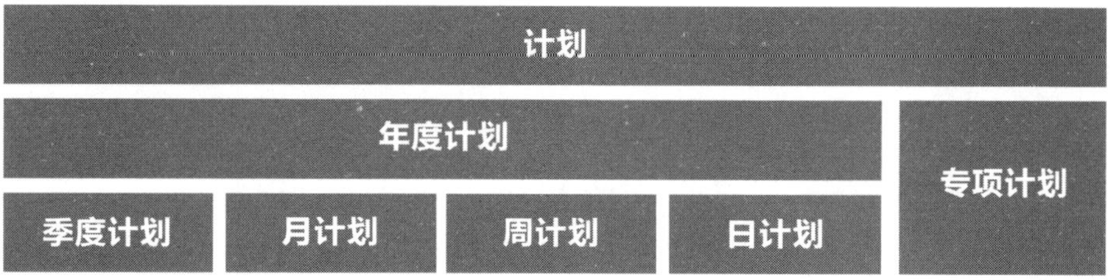

图 2-2 有效计划法

（一）年度计划和季度计划

年度计划和季度计划都是一项较为长期的计划，是和企业的年度发展目标紧密相关的。所以班组长要及时和上级沟通，然后根据实际生产情况进行计划。

（二）月计划

月计划一般是下个月的重要事项，既包含班组的工作内容和数量，也包含自己的学习计划。月计划因为时间较长，所以不要一次计划太多，要有重点地计划，留出一些空余时间，以应对某些突发情况。同时，班组长要将计划尽可能地量化，这样可以对每月结果进行测评。

（三）周计划

通常情况下，周计划要服从月计划。但有时候，一些重要事项是不可能在一周内完成的，所以周计划有时是一个连续的过程。班组长在做周计划之前，要先对工作进行全面核对，然后根据实际情况决定这些事情的先后顺序，最后再做周计划。

（四）日计划

日计划主要包含当天目标、预留事项和待做事项三部分。在进行日计划时，班组长也应考虑到计划的弹性，留出一定的空余时间，以应对临时任务。

在“目标多树杈分解法”和“有效计划法”的帮助下，班组长在提升自己管理和技能水平的同时，还能带领团队共同进步。

第三节　学习职场礼仪，提升自我修养

在外出会客和日常工作中，班组长作为班组甚至是企业的代表，应时刻做到礼仪得体、举止有度，既要体现个人修养，也要展现自身素质，更要借此向外界展示企业的良好形象。

一、学职场礼仪，对外展示良好形象

（一）形象礼仪

礼仪规范是班组长在办公、开会等场合的礼仪行为指南。

1. 着装规范

着装应整齐得体，在上班期间穿工装，工装保持干净，扣好纽扣，不可将衣袖、裤子卷起。在左胸处佩戴工牌。

2. 仪容仪表

要保持指甲的清洁，时常对其进行修剪，不留长指甲。头发也要及时修剪，男士不留长发，发角以不盖耳部及后衣领为宜；女士不留怪异发

型，头发要梳洗整齐，不披头散发，前不遮眼，后不过肩。

3. 举止行为

站立时应挺直、舒展、收腹，眼睛平视前方，嘴微闭，手臂自然垂下。在正式场合，站姿方面，不要将手插进裤兜里或是交叉在胸前，不要有下意识的小动作。

坐姿方面，应轻轻入座，坐满椅子的三分之二；就座时留意从座椅的左侧入座，背部与椅背平行，沉着安静坐下；不随意拖动椅凳。

行姿方面，应抬头，身体重心稍前倾，挺胸收腹，上体正直，双肩放松，两臂自然前后摆动，脚步轻而稳。

班组长要时刻以“自律、真诚”的原则与他人进行人际交往，语言文明、举止大方。

（二）接待礼仪

1. 递物接物

正确的递物接物仪态可以让对方感觉到尊重和恭敬。在递物接物时，一要双手接递，二要接递到位，三要主动上前，四要方便接取。

2. 指引接引

横摆式。手臂向外侧横向摆动，指尖指向被引导或指示的方向，适用于指示方向时。

直臂式。手臂向外侧横向摆动，指尖指向前方，手臂抬至肩高，适用于指示物品所在。

曲臂式。手臂弯曲，由一侧向体前摆动，手臂高度在胸以下，适用于请人进门时。

斜臂式。手臂由上向下斜伸摆动，适用于请人入座时。

3. 商务接待

握手要遵循尊者决定的原则，握手的时候面带微笑、身体前倾，并正视对方的眼睛，以表示自己的尊重。

在递交文件的时候，要文件正面向上递给对方。在传递剪刀等尖锐物品时应将尖端朝向自己。

对外接待时，要礼待宾客。礼宾次序要兼顾职务排列、先来后到的法则。

二、学工作礼仪，对内塑造职业形象

（一）日常工作礼仪

1. 上岗礼仪

全面了解公司的各种规章制度；了解管理各项业务工作的负责人姓名及其职责；当你有困难时不要不好意思求助他人；被介绍时一定要仔细听清并记住同事们的姓氏。

2. 汇报工作礼仪

遵守时间，不可失约；轻轻敲门，经允许后才能进门；工作时如果上级不注意礼仪时，不可冲动；汇报结束后，上级如果谈兴犹在，不可有不耐烦的表现。

3. 听取汇报时礼仪

遵守时间，不可失约；应及时招呼汇报者进门入座；要善于听；不要随意批评、拍板，要先思而后言。

4. 电话礼仪

注意时间选择。在拨打电话时，尽量避开晚上 10 点之后和早上 8 点之前，就餐时间段尽量不拨打电话。如无紧急情况，节假日也不要打电话。不可乱用单位电话谈私事，也不宜在公共场合打电话。在打电话时，应控制音量，不影响到其他工作人员。

在通话过程中决不能吸烟、喝茶、吃东西，懒散的状态是可以被对方“听出来”的。要掌握好通话时长，遵循“宜短不宜长”的原则，在第一时间做自我介绍，说清自己的姓名、部门和职务，然后说明此通电话的主要内容是什么。尽量做到长话短说，废话不说。

5. 利用社交软件

对于不紧急不重要的沟通信息，可充分利用现有的微信、内部通信软件等社交方式，通过留言、发送文件进行沟通。

（二）常用工作规范

· 自觉遵守考勤制度，上下班打考勤卡。

· 自然行走，步履平稳，不可大摇大摆、勾肩搭背，非紧急情况切勿高声呼叫他人。

· 要正确穿戴工服、工牌。

· 行走两人成排，3 人及以上要成列。

· 保持良好的站姿、坐姿，站立要正，坐姿要直，不可东倒西歪。

· 与长辈、上司同行时，原则上应让其先行；在长辈或上司面前，不要双手交叉抱在胸前或放在背后。

· 在正常上班时间内需要外出，应事先向主管请示报告并办理有关手续。

· 与人交谈要言语亲切、自然、得体，目光要正视谈话对象。

· 言语要文明，不可说脏话或痞话，与同事交谈尽可能用普通话。

· 礼貌用语，如你好、请、对不起、谢谢、再见等。

· 发扬团结协作精神，工作中同事之间相互配合、相互帮助。

· 服从领导指挥，全力与同事协同合作。

· 未经许可，严禁离岗，离岗要按照离岗规定登记。

· 工作区域内严禁吸烟，吸烟到专门区域。

· 上班工作期间不得饮酒，不得用餐，不得吃零食，不得玩手机。

· 上岗前，必须通过安全教育，熟悉所在岗位的安全操作规程。

· 不可在病重、精神异常时作业，以免发生安全事故。

· 节约生产原料、物料，并确保产品品质。

· 严谨操作，不得自恃技术熟练而麻痹大意。

· 保持地面清洁，不随地吐痰和口香糖，不乱扔垃圾、杂物。

第三章　提升执行能力，勇担当敢作为

决战在市场，决胜在车间，执行在班组，班组的执行力取决于成员的执行力。执行力并不代表成员在做任何事情的时候都要雷厉风行，而是要求成员不仅要按时按量完成工作，还要确保每个环节、每个步骤都落实到位、切实执行。

第一节　明确执行的目标

“做”是目标和结果之间不可或缺的重要一环，它可以实现班组的高质高效高产。目标作为“做”的导向，必须要明确且精准，这样才能避免无效工作，确保工作内容的有效执行。

一、明确执行的目标，培养班组执行力

一个明确的目标，是班组开展工作的起点，也是实现、提升班组工作质量和效率的重要基石。

1. 指明工作方向

没有按时按质完成工作的主要原因之一就是没有一个明确、具体的工作目标。这就需要在安排工作的时候，便要明确工作的具体内容、完成的时间节点和成果要求。

2. 增强团队凝聚力

当班组有了明确的工作目标，班组长要及时帮助成员认知该目标的重要性和意义，让成员发自内心地认可该目标，那么每个成员都会为了这个目标共同努力。成员之间也会相互监督、相互扶持，让整个班组形成和谐、轻松、奋进的氛围。

3. 提升自身能力

针对成员能力和工作短板，要制定明确的个人工作技能目标，以此来给成员一定压力。在成员实现目标的过程中，要及时掌握成员进度和情况，给予鼓励，并调动其他成员予以监督和帮助，促使成员将压力转化为动力。

二、设定执行的目标，激发班组执行力

目标，既可以提升个人的能力，还可以让班组更具执行力和行动力，更可以推进班组和企业的发展。那么，一个明确的目标，应该是什么样的呢？

1. 目标必须符合当下客观条件

在设定目标时要注意班组的实际情况，比如需要对人员、设备、物料、技能和产能等进行测算，不要盲目设定目标，要切合实际，否则只会让成员怨声载道。

2. 目标要同时具备挑战性和可行性

明确目标之后，要进一步思考该目标是否具备挑战性和可行性。如果目标没有挑战性，无法激发成员的求胜心。但同时要保证目标是可以通过努力实现的，以此来调动成员的积极性。恰当地制定目标，可以起到激励和促进作用。

3. 目标要具备可反馈性

在成员实现目标的过程中，班组长要提供及时、中肯、持续的反馈，并对成员的工作予以充分肯定。成员可以根据反馈及时改正和调整下一步计划和内容，并在班组长的肯定下产生强烈的工作热情。

三、注重细节，提升班组执行力

明确目标的关键是注重细节。班组长可以通过“6W3H”工作法（表3–1），把细节做精、做细，在此基础上，提升班组执行力。

表 3-1　“6W3H”的主要内容

6W	3H
Why：完成这项工作的目的和理由	How to：明确目标要如何推进和推进的步骤
What：这项工作的具体内容是什么，以及完成之后的状态	
Who：由谁来完成这项工作	How many：这项工作的工作量是多少
When：这项工作要在什么时候完成，或是在哪个时间段完成哪一部分	
Where：这项工作是在哪里进行的，或是在哪里结束的	How much：需要多长时间和多少人力
Which：优先完成某项紧急且重要的工作	

1. 解释“Why”

班组长需要向成员解释完成这项工作的目的和理由，以及这项工作完成之后会对下一步工作有什么影响。通过“Why”让成员更清楚地了解为什么要做这项工作而不是先去完成别的工作。

2. 细化“What”

班组长需要提前告诉成员这项工作的内容是什么，当完成之后，这项工作的状态是什么样的。“What”主要是告诉成员他们要做什么，这项工作的重点是什么。

3. 明确“Who”

班组长要明确谁或是哪几个人去负责这项工作。“Who”是需要由班组长确认谁是主要负责人，谁是主要执行人，有没有成员被忽略。

4. 定位“When”

班组长需要明确告知成员工作完成的截止时间，或是哪部分工作需要提前完成，剩余工作是可以在最后期限内完成的。“When”的主要作用是明确时间线，让成员可以预先进行安排。

5. 确认“Where”

“Where”是成员根据工作内容来选择的工作场所。如果工作内容是培训，那么地点就要在会议室；如果工作内容是采煤，那么工作场所就要在井下。

6. 选定“Which”

班组长或成员可以先将目标工作细分成小目标，然后根据紧急和重要情况进行优先选择。“Which”可以使工作更具灵活性和弹性。

7. 着重“How to”

班组长或成员需要先明确工作要如何推进和进行的具体步骤。“How to”的重点主要是完成工作的方法，尽量做到最省力、高效率，并保证不出现失误。

8. 精准“How many”

班组长应量化工作内容，掌握工作量的多少。“How many”可以帮助班组长掌握工作量，判断成员的效率高低。

9. 把握“How much”

班组长需要先大概计算出完成这项工作的大概时间，需要几天、几周或是几个月，同时需要配备几个人。若是减少或增加人数，周期又会发生什么样的变化。“How much”有利于班组长更好地安排和分配工作。

第二节 落实执行的责任

制度是执行力的先决条件。没有制度，团队将会缺少执行力。强化执行力，要借助于切实有效的制度机制，在明确制度内容之后，监督每位成员都严格遵守相关制度，按照制度要求工作，从而保证班组执行力。

一、思想要强化，制度要落实

日常管理工作做不好，无非就是缺少执行力。缺少执行力表现在三个方面：

一是班组长在安排工作之后，成员在执行的过程中，标准越来越低，工作质量每况愈下。

二是在工作期间，成员对工作敷衍了事，拖沓延误，致使执行力越来越差。

三是制度在工作中起到的约束作用越来越小，无法促使成员形成高效执行的习惯。

面对执行力的缺失，班组长必须要了解制度对执行力的重要作用。

（一）培养制度观念，是提高执行力的前提

班组长要把培养制度观念教育当作经常性培训内容，让成员了解制度目的、意义和执行力的关系，真正做到“心中有制度，执行按制度”，牢固树立按照制度内容办事、按制度要求执行的意识。

（二）强化制度意识，是提高执行力的根本

很多时候，成员执行力差的原因之一就是成员缺乏制度意识，认为制度只是个形式。对此，要将制度落实情况作为考核的一部分，以此来提升成员的工作质量和执行力。如果成员没有按照制度内容开展工作，也没有在制度的监督下提升自己的执行力，班组长可以与其进行谈话，了解没有按照制度执行的原因，并提出解决办法。

（三）坚持制度监督，是提升执行力的关键

没有监督，制度就成了不带“电”的高压线，执行力也就成了一纸空谈，进而出现“一人不落实制度、不具备执行力，那么就会有更多的人不落实制度、不具备执行力”这一现象。导致此现象的主要原因是成员未按照制度来进行工作，导致执行力差，违反制度后相关人员没有受到相应的惩处。

所以说，严格监督制度的落实，是提高执行力的重要因素，班组长要注重制度监督，坚持制度面前人人平等，对违反制度的成员进行严厉惩处。

二、制度要遵守，执行才有效

制度落实，班组执行力便会有所提升；执行力提升，那么班组竞争力也会随之提升。那么，班组长要如何确保制度落实，提升成员执行力呢？

（一）班组长要当带头人

班组长如果不带头落实制度，那么在成员中就没有说服力，久而久之，成员就会产生“班组长作为领导都没有做的事情，我们为什么要按章执行”的想法，这在无形中就会给制度的落实造成阻力。

班组长要带头学习规章制度，带头严格遵守制度，带头认真执行制度，做落实的第一人，最终在班组内形成“用制度管人，按制度办事”的良好氛围。

（二）加强制度的宣传工作

1. 加大日常宣传力度

制度的宣传工作是制度落实的重要环节。定期组织成员学习制度，熟知制度内容、掌握制度要求、领会制度精神，进而加强制度意识，树立起严格按照制度办事、按照制度执行的观念。

2. 定期组织学习教育

定期组织成员对相关制度进行再次学习，这样可以防止刚开始的时候成员都能认真落实制度，时间一长就会出现疲软倾向，对制度的执行开始出现懈怠等现象。通过这种定期教育，保持成员制度落实的持续性。

（三）加大制度的检查力度

1. 开展定期检查

定期对制度落实情况进行检查，并提前告知成员检查的内容和标准，同时细化落实效果的评价，及时分析落实不到位的原因等。

2. 设立评分机制

将落实效果设为评分制，每次排名最后的成员有一定惩罚，这样可以增强成员的紧迫感。必要时，可以通过用违反制度的典型事例，用反面案例对成员进行教育。

（四）建立合理的奖惩机制

1. 健全问责机制

动员千遍，不如问责一次。建立奖惩机制，是落实制度、提升制度执行力的关键所在。

2. 坚持问题导向

班组长要始终坚持问题导向，在制度落实上加强监督，坚决杜绝变通和例外现象出现。

第三节　掌握执行的方法

提高执行力是班组建设的精髓所在，这需要制度的规范落实，需要班组长的重视，也需要成员的积极参与。但有时班组制度落实了，班组长和成员也在努力，但执行效果仍然可能和想象中的相差很大，那是因为班组长没有掌握方法，导致执行效果大打折扣。

一、班组有问题，执行没效果

工作的执行情况大致分为三种，一是超常执行，二是正常执行，三是执行不力。这三种执行情况的不同，也直接导致了三种不同的效果。具体执行情况和对应的执行效果见表 3–2。

表 3-2　执行情况和对应的执行效果

执行情况	执行效果	执行评价
超常执行	超额完成工作，超出原定计划目标	优秀、卓越
正常执行	刚好完成工作，刚好完成目标	合格、成功
执行不力	未完成工作，未达到目标	不合格、失败

那么，是什么原因导致成员的执行效果不理想的呢？

（一）成员执行意识薄弱

成员对执行力、执行效果和制度的观念模糊，对班组整体的执行力毫不上心，导致了对执行效果的无视。不积极向班组长汇报工作和反馈问题，团队意识淡薄，只埋头负责自己的工作，不愿意承担或是害怕承担责任，抱着“有别人操心”的心态，直接导致执行效果大打折扣。

（二）班组整体作风懒散拖拉

对安排下来的工作采取“能拖就拖，不能拖凑合干”的态度。如果再遇到分工不明确、责任未到岗到人的时候，对工作进度睁只眼闭只眼，不会上心。可以说，当班组内有懒散拖拉情况出现时，整个班组的执行效果也就会拉低。

（三）班组上下沟通不够及时

沟通不及时，通常有两个原因：一方面是因为工作在层层传达中失真，导致班组长和成员无法准确明白领导的工作要求；另一方面是因为班组长和成员之间的沟通不够及时，不够深入，无法及时发现和解决问题，久而久之，极有可能就会出现懈怠的情况。

不管上下级的沟通，还是班组长和成员之间，一旦沟通不到位，就会让小问题变成大问题，严重影响执行效果。

二、掌握方法，才能出现效果

班组长想要让执行有效果，可以根据下面四个方法来进行管理。

（一）注重合作精神，提升班组执行力

班组作为一个团队，由不同性格、不同能力和不同素质的人组成。班组想要实现更好发展，班组长就需要让内部团结友善，让成员之间相互了解、理解，杜绝出现“个人英雄”，建立起默契团结的工作关系。

班组长要不断激励成员、帮助成员，或者是让成员之间互帮互助完成各项任务，鼓励成员发挥自己的才能，最终提升班组的执行力，让执行效果肉眼可见。

（二）开展有效沟通，确保班组执行效率

沟通就是生产力，有效的双向沟通直接影响着执行效果。

在沟通协调方面，班组长应加强自己和成员、上级和下级、班组和班组之间的互相沟通，形成及时有效的信息反馈制度。这样有利于班组长准确、及时传达领导布置的任务，了解成员的想法。成员在遇到任何问题的时候，也可以及时、主动地和班组长沟通，进而提升班组和成员的工作效率和执行效果。

（三）注重工作细节，明确班组执行标准

1. 完善工作流程

在分配工作时，应明确每位成员的工作目标和职责分工，提供正确、高效的工作方法，并明确工作完成日期。这样成员就可以明确自己的工作目标，在时间的适度压力下，使员工产生危机感，进而将其转化为工作动力，提升员工的执行力。

2. 加强成员的参与感

可以让员工积极参与并提出合理化建议，让成员之间互相讨论，互相解惑，并积极参与到基础作业标准的制定过程中。这样，既可以让成员感受到被重视，还可以让成员在执行时更具积极性，进而有效提升执行力。

（四）加强制度宣传，突显班组执行效果

成员每天都处在生产前线，很难及时接触和消化外界的变化和发展，有时还无法及时接受新的规定。如果成员对制度抱有怀疑、否定的态度，那么他就不会坚定地按制度去执行，工作的效果就会打折扣。

针对这一情况，可以加强宣传力度，强化成员对制度的理解和认知，并结合日常工作中的实际情况进行举例说明，及时解决成员在执行中的难点和疑点。在这一过程中，班组长可以让成员提出自己的疑问和想法，让全员参与交流互动，最终确保各项制度落实到位，执行落地见效。

此外，为增强执行效果，班组长还需要完善考核制度，根据班组和成员的实际情况进行调整，通过工作激励和制度考核来提升班组的执行力。在班组日常管理中，要根据考核制度对违规、违纪的成员进行惩处，同时要对创新能力较强、工作成效突出的成员进行表扬和奖励。

想让班组的执行有效果，班组长就必须要掌握好方法，否则再好的制度、再优秀的成员，也很难提升执行的效果。

第四节　从现在开始行动

班组长和成员一旦确定目标，就要立刻开始行动，即使在行动中遇到了任何问题，遇到了各种阻碍，也可以通过方法来解决掉。但如果没有行动，只是将所有的目标和方法停留在纸上，那么工作将会毫无进展。

一、拒绝拖延，开始行动

拖延、懒散是班组执行力差的很大原因之一。班组长应该让全员都具有“从现在开始行动”的观念。

（一）从现在开始行动，激发团队动能

在工作还未开始时，成员是没有共同目标和前进方向的。当目标确定之后，班组成员动起来的时候，大家心里就会有“我们所有人都在共同奋斗，我绝不能拖后腿”的想法。在这种想法的激励下，成员的积极性会被调动起来，进而激发团队动能。

（二）从现在开始行动，加速 PDCA 循环

PDCA 循环主要是分为计划（Plan）、执行（Do）、检查（Check）和处理（Act）四个阶段，如图 3-1 所示。当班组开始行动后，班组长便可以在第一时间了解和掌握工作进展到哪个环节，工作开展是否顺利，以及是否有出现差错和失误的地方，一旦出现问题，班组长就需及时提出并进行改进。

如果将班组的整体工作视作大循环，成员的各个阶段工作视作小循环，班组长可以借助“大环”带“小环”，将“大环”“小环”有机结合在一起，掌握策划、实施、确认、改进的方法，促进 PDCA 良性有序循环。最终让班组在提升整体执行力的同时，提高工作质量。

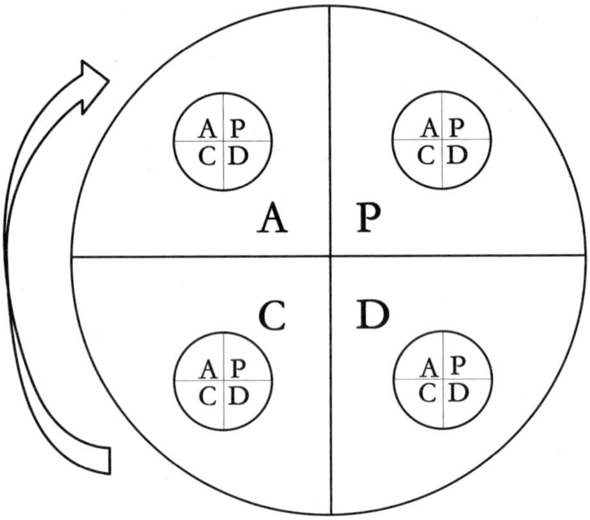

图 3-1　PDCA 循环

（三）从现在开始行动，获得成员信任

有时候，因为班组长的优柔寡断、犹豫不决，会导致成员被迫拖延工作，影响效率。在此种情形下，成员就会将工作停滞不前的原因全部归咎到班组长身上。久而久之，班组长在成员心中就没有了公信力和威信力。

针对此类情况，班组长要以身作则，向成员展现自己的执行力和行动力，这样成员才能对班组长心生敬佩，并将其作为自己学习的榜样，逐渐提升自身的行动力。

（四）从现在开始行动，焕发班组活力

说干就干的班组长总是能得到更多的认可，同时也会在一定程度上影响并激励成员提升工作效率。整个班组就会形成积极向上的工作氛围，成员之间能迅速且灵活地应对问题，在和谐的氛围内提升班组效率。

一个优秀的班组长，一个出色的班组，都擅长从现在就开始行动。因为他们有着明确的目标、有效的方法，并且可以全面掌握工作。

二、开始行动，注意关键

开始行动不等于盲目干、野蛮干，而是要通过计划和安排，在行动中不断完善、改进计划，这样才能让班组的执行力有一个大的提升。

（一）限定工作的周期

班组长在接收到上级安排的任务目标的第一时间，要先对工作进行全局的思考和统筹安排，然后根据班组的实际情况进行分工，最后细化内容并制定出工作计划。

在制定计划后，为了保证计划可以得以落实，就需要班组长将整体工作分解成多个小目标，责任到人，分工协作。

明确成员完成工作的最后期限，这样才能让成员有紧迫感，激发他们的士气和斗志。

（二）时刻注意工作进度

分配工作的时候，要对每一项工作进行排序，把那些重要且紧急的工作放在优先级，一些不重要但紧急的工作可以适当放在后面。

分配完成之后，班组长还需及时跟进工作进度，时刻注意成员的工作情况，了解成员是否遇到问题，是否将难度较大的工作推后了，进度是否和原定计划一致。如果出现这些问题，要立即进行调整。

第四章　强化日常管理，提升工作实效

班组日常管理考验着班组长的综合能力，那么如何才能更高效地管理班组呢？班组日常管理无非就是管好人、理好事，基于此，班组长要抓好三个方面的管理：一是管好班组例会，二是管好日常工作，三是管好人的情绪。

第一节　开好班组例会

组织召开班组例会是班组长管理工作的一项重要内容，有效的例会是营造良好生产环境、达成既定目标的重要方法，是日常管理的一种手段。

通过例会针对在工作、管理中出现的问题，把相关人员集合在一起，进行上传下达、讨论、沟通、解决问题。组织召开班组例会的意义如图4-1所示。

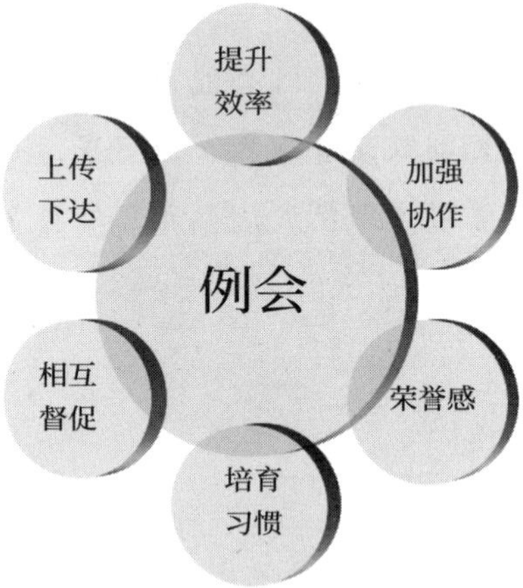

图 4-1　组织召开班组例会的意义

一、开好班组例会的技巧

（一）例会的准备

班组长应重视每次例会的召开，在会前做充足的准备，对下列问题做到心中有数：为什么要开这次例会？讨论的重点内容是什么？有哪些人参加？例会开始时间和结束时间？例会在什么地方开？这次例会有什么要求？

（二）学会控制现场

症状一：发言没有重点。漫无边际地讲故事，发言和讨论主题无关，或者是讲了很久才进入主题；讲得太模糊，不知所云；拒绝倾听别人的主要观点。

解决办法：采用非语言性暗示；探询、总结、测试其理解程度；善意提醒关于程序及时间限制；适时让别人发言。

症状二：消极抱怨。有攻击别人的倾向；总是给予消极的、否定的意见。

解决办法：理解对方的想法和情绪；重申会议中无论什么意见都可以提，但正面的建议会更受欢迎；采用非语言性方式打断。

二、低效例会的表象与原因

（一）不守时

原因：组织者未准备就绪，导致开会延后；参加者未准时；未按照预定的时间进行讨论。

对策：对于不守时或者纯粹浪费时间走形式的会议，可以提出拒绝参加。

（二）离题、闲聊、心不在焉

原因：议程设计不够紧凑，导致无法按计划讨论，或临时有更吸引与会者的话题。

对策：每个议案讨论告一段落时，即做归纳整理，以确保讨论能照预期的进度进行。

三、例会应该这样开

（一）班前例会

召开班前例会，前期布置工作应分工明确，任务落实到人头，其基本流程如图 4–2 所示。会议内容需要明确一天的工作任务，并细化、量化工作任务，强调重点工作环节，尤其是安全环节，配合科学、合理、严格的考核措施。开会语言要严谨、严肃、有责任感，并用鼓励式的语言结束班前会。同时，组织会议的班组长一定要保持良好的精神面貌。

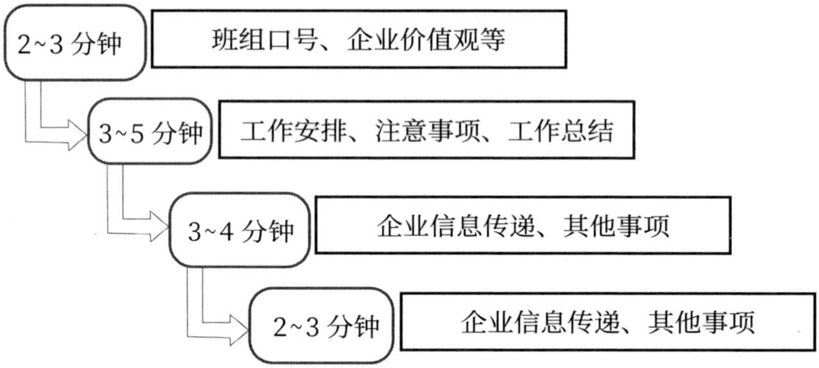

图 4-2　召开班前会的基本流程

（二）碰头例会

开碰头例会，会议重点一定要突出，难点一定要明确，营造良好的讨论气氛，充分调动参与人员的积极性，并及时整理会议纪要，总结出有指导意义的结论，形成书面文字，进行归档。遇到可行性措施或创新、改革意见，可以向上级呈报，以对今后的工作起到指导性作用。

（三）动员例会

开会时语言要简洁、有力、有条理；总体工作目标要明确，工作任务要细化，合理分工，落实到人；明确保障措施，强调安全生产；量化考核方法，使用有效的激励手段，鼓励班组成员聪明地工作、高质量地工作；制定工作计划适当留有余地，明确任务完成的具体时间。

四、例会常见组织形式

（一）面对面式

采用横队面对面式开会，是最常见的班前会组织形式，有利于第一时间看到成员的反应，也可以及时互动交流。

（二）抱团式

采用圆形围绕队伍开会，可以形成并加强成员的凝聚力，围坐一团，分布均匀，能够及时沟通互动。

（三）拉家常式

采用拉家常方式，能够拉近班组长与成员之间的距离，实现面对面交流，适用于人数较少、需要集体讨论的班前会。

例会作为班组长日常管理的一个重要手段，具有不可替代性。班组长须高效组织不同内容、不同形式的例会，促进员工和谐，提高工作效率。

与此同时，例会还要与时俱进、富有新意。根据企业发展方向，不断探索与挖掘符合班组实际情况的新方法与新内容，推陈出新，切忌沉闷死板。只有具有创新性的例会才能更好地激发员工的工作热情，提升员工的工作效率。

第二节　做好日常工作

班组长的日常工作，主要是督导性工作，要经常检查班组内的状况，并根据状况采取必要的措施。

一、做好班前准备

（一）计划安排

日常班前准备需要根据工作内容确定和拟配资源。工作内容又分为日常工作和改进工作，即每天必须完成的常规性工作和为提高管理水平而进行的改善活动。日常工作是指为完成客户订单必不可少的工作部分，如信息的传递、物料的准备、品质的确认以及与客户的沟通等。

（二）班前准备

一般来讲，班组长最少要在规定上班时间之前 15 分钟到达现场，进行现场观察和工作交接，主要从 QCD（Q — 品质、C — 成本、D — 交货期）和 4M1E（Man — 人、Material — 料、Machine — 机、Method — 法和 Enviroment — 环）等角度了解上一个班组的工作状况，以形成本班工作的初步计划。

二、掌握班中情况

班中管理是班组管理最重要的一环，要对现场作业环境、工作进度、设备状态实施跟踪落实，确认工作质量，发现变化应及时应对，同时推动作业改善，即实施现场控制。班中管理时，班组长应该注意以下几点：

（一）召开班前会

通常上班前，要召开 5~10 分钟的班前会，以确认成员出勤情况和精神状态，总结前一天工作，布置当天工作及人员调配，进行工作指导和安全教育。

（二）生产确认

成员开始工作后，班组长则对生产安排的落实情况进行现场确认和检查，主要包括：

· 生产的产品型号是否正确；

· 相关人员对当班的生产数量是否清楚；

· 现场的材料是否到位；

· 设备是否正常；

· 工艺条件和作业标准是否执行到位。

（三）现场巡检

班组成员进入到正常的生产状态后，班组长都要进行不定时的现场巡检，以随时把握现场的各种变化，预见性地发现问题。对员工的异常行为和现场的异常状态，及时采取应对措施，保证生产的安全顺利进行。质量和进度是巡检的重点。

（四）技术指导和业务改善等

在巡检后，利用机动时间对业务不熟练的班组成员进行技术指导，对某些难题进行业务改善，促进业绩提升。工作中如需要其他部门或本组成员之外的人进行协助，还需进行外部协调。

三、开展班后总结

班后的工作重点是总结一天工作，填写相关报表，记录生产、质量、员工的出勤、效率及其他工作的结果和相关信息，以便为下一轮工作计划提供参考。做好与下一个班组的交接是班后的重要工作。

需要说明的是班组的很多工作是利用班后业余时间来完成的，例如与组员的沟通、作业改进方案的设计、统计工作、季度总结等，也有很多工作穿插在以上具体环节里，如员工激励、技术和管理创新等。

四、把控现场秩序

（一）现场秩序管理

现场秩序包括劳动纪律、工作风气、人员面貌和素质等内容。管理的目的，一方面是确保作业人员能够按照企业规定从事工作，另一方面是促使成员积极主动地维护这种秩序。

· 没有迟到、矿工等现象，人人都能遵章守纪；

· 没有萎靡不振的现象，人人都保持良好的精神状态；

· 所有成员都能自觉地参与各种准备活动；

· 成员确保自己的行为符合规范和要求，不会妨碍他人；

· 对于新产品、新技术，成员能学习和掌握工作要点。熟知重点作业内容。

（二）倡导自主管理

要求成员以自己管理自己的心态处理工作事项，及时报告发现的异常情况，主动采取措施处理。

（三）现场环境管理

现场环境包括现场温度、湿度、噪声等内容，管理的目的就是保证员工能够在现场安全地工作，确保作业环境和设备要符合规程、标准要求。

第三节　调节班组矛盾

成员之间存在分歧是在所难免的，因为每个人所处的环境不同，想法也不同。班组长在面对这些分歧与矛盾时，要及早发现，巧妙化解，从而为建立和谐班组打下坚实的基础。

一、班组管理中常见的五大矛盾与化解方法

（一）不服管理

矛盾点：成员不信任班组长，表现出不服从管理的态度。为了树立威信，许多新任班组长会采取强硬措施，但其实这样的管理方式并不太适用于现代新型班组管理。因为班组人数较少，大家往后相处的时间很长，如果开始就采用强硬措施容易造成上下级关系的极度紧张，后续工作将更难开展。

化解方法：对于不服从管理的成员，班组长要具备信心、耐心与恒心。如果是初次担任班组长，那么在日常管理中就难以避免会出现一些小错误，毕竟管理经验并不是很充足。此时，班组长要具备信心，相信自己能够胜任这个职位，并在工作中保持耐心与恒心，越自信的管理者，越能够收获大家的信任。一方面，保持积极的心态，就事论事处理问题，不能针对成员；另一方面，建立良好的成员关系，有耐心地处理矛盾、化解矛盾。这样一来，经过较长时间的相处，个别不服从管理的成员就能够慢慢

接受管理，从而使班组氛围越来越和谐。

（二）抱怨工作

矛盾点：在日常工作中，会有一些成员觉得自己受到了不公平对待，因而带有抱怨情绪，甚至还会“传染”给其他成员。虽然抱怨情绪是工作中常见的小问题，但如果班组长不及时处理，也会变成大问题，严重影响工作效率。

化解方法：对于抱怨情绪，班组长可以利用倾听、了解、疏通、处理四个步骤来解决。

倾听是指要认真倾听成员的合理抱怨。认真倾听能够帮助班组长建立与成员之间的信任关系，为处理情绪矛盾做好基础

了解是指要了解抱怨情绪产生的原因。一是要通过抱怨者本人了解事情原委，二是从他人身上寻找原因，只有全方面的了解原因后，才能有针对性地应对矛盾。

疏通是指班组长在听取抱怨与了解原因后要进行有效疏通，认真解答该成员提出的意见与问题，疏通问题，解决问题。

处理是指班组长要注意在面对抱怨情绪时一定要处理及时，只有及时发现问题并有效解决问题，才能防止抱怨情绪扩大化，使其不影响整体班组的工作。

（三）打小报告

矛盾点：每个班组中总会存在一两个爱打小报告的成员，这种现象的出现容易影响班组和谐，形成互不信任的氛围。对此，班组长要多注意观察这样的成员。

化解方法：对待爱打小报告的成员要冷处理或者给予批评，这样能够让此类员工明白，班组长不会因某个人的一句话而盲目做出决定，从而降低其打小报告的期望。班组长要以身作则，凡事讲究公开透明，不搞匿名举报这类的管理措施，从而使班组管理更加公平公正，班组氛围更加和谐友爱。

（四）拉帮结派

矛盾点：在工作当中，成员由于性格、处事方式不同，有可能会出现拉帮结派的现象。这样的行为不仅不利于成员之间的良性竞争，而且容易造成人心涣散，不利于班组和谐。

化解方法：对待这个问题，班组长可以通过团建活动，拉近成员之间的距离，营造家一样的班组氛围，减少对立情绪；对待每位成员都要做到公平公正，拉帮结派矛盾产生的原因无非是工作任务或工作奖金分配不合理等，因此班组长要将工作放在明面上，让每位组员心中没有疑虑。

（五）越级报告

矛盾点：在上级找自己谈话时，班组长有时会听到一些自己都不知道的班组管理情况，这是因为有些成员在遇到问题时略过班组长而直接向上级领导报告。越级报告不仅使班组长处在尴尬的境地，还会给上级领导造成困扰。

化解方法：对待越级报告的问题，班组长要采取坚决的态度与有效的抵制方法。可以通过开会的形式，告知成员这样的方式并不能够真正地解决问题，反而会让整个班组给上级领导留下不好的印象。及时与上级领导进行沟通与交流，达成共识，对越级报告者给予批评，从而减少直至杜绝此现象。

二、化解矛盾的五大原则

（一）直视问题，不逃避矛盾

要勇于承认矛盾的存在，才能更有效地解决矛盾。矛盾本身并不可怕，可怕的是逃避问题，放任矛盾愈演愈烈。“直视问题，不逃避矛盾”应是班组长处理矛盾的首要原则，要消除畏首畏尾的心态，敢抓敢管。

（二）不单单指责矛盾的一方

在矛盾双方都在的情况下，哪怕是有一方责任较大，也不能够当着双方的面去指责，这样容易加剧紧张关系。对待矛盾双方，班组长要学会单独处理，选择独立的空间对单独一方进行教育指导，不单单指责责任较大的一方。

（三）用“引导”代替“命令”

每个人都有自尊心，班组长在管理班组时要学会尊重，用“引导”工作的方式代替“命令”，“引导”的口吻更容易被人接受，也更容易提升成员对班组的信赖感与责任感。班组长要做的不是将工作硬生生地安插到每个人身上，而要根据每个人的性格与工作能力将班组任务布置下去，多引导，少命令，把任务讲清即可。这样能够舒缓成员的工作压力，减少不必要的矛盾，从而促进班组和谐。

（四）合理宣泄，适当调节

人不管是在开心还是愤怒的时候，都会产生情绪，我们不能阻止情绪的产生。班组长要允许成员合理宣泄情绪，只有这样才能真正地帮助成员解决难题，舒缓心理压力。

（五）管理要宽，严而不紧

矛盾的产生会让班组工作环境变得十分紧张。因此班组长在化解矛盾时要制造一个相对轻松活泼的环境，让成员处于放松的状态，才能更好地化解矛盾。但是，班组管理依然要严格，需要给予每个人充分的尊重，让大家能够多一分相互理解，少一些苛责。

优秀班组的创建离不开每一位成员的共同努力，班组长更是核心，只有在班组长巧妙化解矛盾的前提下，才能促进和谐班组的创建。

第五章　勤于动笔写作，提高写作水平

通过写作，班组长不仅能提升自己的写作能力，还能提升自身的逻辑思维能力、表达能力、思考能力及领导能力。

第一节　写作的重要性

写作在班组长的职业生涯中起着十分重要的作用，不仅是班组长提高语言表达能力的有效方式，还是班组长提高逻辑思维能力的有力手段。通过写作的方式总结经验和罗列问题，能够更加准确、条理清晰地表达出观点，也更容易被传播和记录。

一、写作的作用

“写”是班组长提升素养的必要条件之一。班组长可以在写中提高自己的思维能力，在写中完善自己的工作，同时也要培养班组成员写的能力。

（一）提升个人逻辑力与表达力

通过写作，能够更好地将语言有逻辑地组织起来，减少了不必要的沟通障碍，能够给人可信赖的感觉。如此一来，就养成了逻辑思维的习惯，在今后的工作中就会下意识地按照逻辑关系表达观点。

（二）带动班组整体发展

文字表达能力是领导力的重要体现。班组长作为班组的领导者，好的文字功底能体现出其逻辑思维能力、思考能力以及工作态度与能力，这些能力就是领导班组的底气。班组长要不断通过写作提升领导力，从而影响成员，带动班组的整体发展。

二、写作能力决定输出能力

写作能力决定输出能力，因为写作其实是将输入的内容经过思考后再输出的过程。在文字表达中，输出能力强的展现则是用清晰、简洁的文字把观点表达清楚。班组长可以从以下几个方面入手，不断提升写作能力。

（一）写作要勤，笔耕不辍，不断强化输出能力

班组长工作当中的写作没有具体的时间限制，只要想写随时都能写。但随时不代表没有规划，班组长需要勤写作，保持高频率的持续输出，笔耕不辍，才能锻炼出较强的写作能力。

（二）勤学勤练，写作语言要准、透、具体和简练

什么样的文章最让人喜欢？文章的观点一定要表达准确，切忌模棱两可，没有中心，不知所云。

写作语言要“透”，因为班组长写作涉及的应用文居多，不适合“点到为止”，需要讲明白、讲透彻，能具体的地方尽量具体，不能让阅览者去猜文章的写作意图。

写作语言要简练，一句能写到位的就不要分成两句，没有用的词可以省略，比如“认真进行学习”，“进行”这一词完全可以去掉，也可以准确表达意思。

班组长要注意的是，应用文写作与口头语言不同，无用的话讲太多，会让人觉得作者没有逻辑性，缺乏组织力。因此，简练的文字语言十分重要。

（三）写作要搭建好内容结构，运用好金字塔原理

所谓金字塔原理就是以文章结论为导向，推论出写作过程，也就是结论先行，先抛出文章的观点和结论，再向下解释，如图 5-1 所示。

用金字塔原理搭建文章内容结构，观点和结论是塔尖；向下一层是分论点，简单明了；再下一层则是论据，通过摆事实，列数据，将细节具体化，证明论点。

班组长运用金字塔原理进行写作，可以从以下三点着手：

一是在写作之前列出写作思路与写作大纲，比如这篇文章要求一千字，那么开头和结尾需要多少字，观点需要有几个，这样先搭建提纲，能

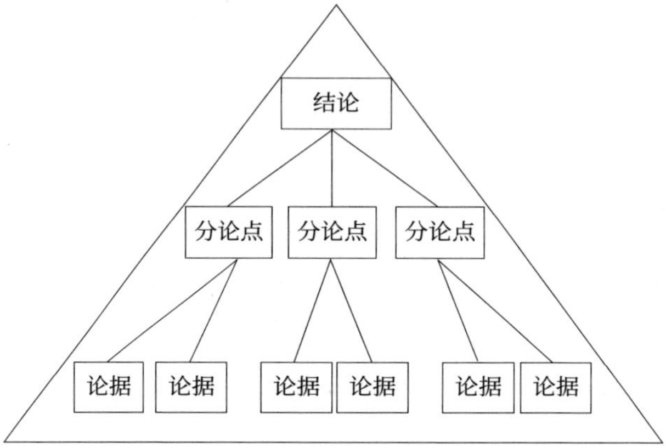

图 5-1　金字塔原理下的文章结构

够更好地形成文章脉络，不容易跑题。

二是先归纳结论，自上而下地阐明文章思想，善用“总分”的文章结构，这样的文章可读性更强，容易抓住读者的眼球。

三是学会分类归纳，将具有共性的观点放在一起，便于读者更好地理解。

第二节　写作的基本要求

班组长写作能力的提升是孰能生巧的过程。通过“写”能够把成员工作问题与工作建议总结落实到纸上，从而找到班组管理中存在的问题，进而在工作中完善与落实。

因此，掌握好“写”的能力、练好“笔头子”不仅能够提升班组长归纳总结工作内容的能力，还能够推动班组管理制度化与规范化。

一、应用文写作的基本要求

应用文写作主要包括工作总结、工作计划、工作汇报、经验材料、心得体会、论文写作、演讲稿写作与规章制度写作等八个类型。在进行应用文写作时要遵循以下五点基本要求（图 5–2）：

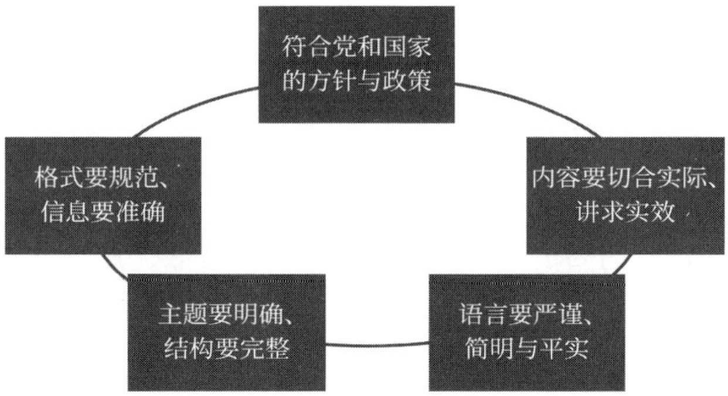

图 5-2　应用文写作应遵守的五点基本要求

（一）符合党和国家的方针与政策

内容必须符合党的基本路线和国家的宪法与法律、符合本行业的方针政策和有关法规规章、符合地方政府有关重要决策，必须在思想上同党中央保持一致，这是写作的前提和政治要求。

（二）内容要切合实际、讲求实效

写作应该具备鲜明的目的性和针对性，要实事求是，从解决工作中的实际问题入手，坚决抵制形式主义，拒绝文牍主义；文章内容须与日常工作中的实际情况相适应，能把客观事物的真实情况表现出来，真正做到提出一些在工作上行之有效的原则或者方法；注重时效，文章创作避免拖拉，方便尽早完成实用信息的传递。

（三）语言要严谨、简明与平实

语言要严谨，能够准确地表述概念的内涵与外延，准确地表明作者的立场和观点。

用词要简明，直截了当，不要拐弯抹角，用简练直白的文字表达出更为丰富的内容。

语言要平实，通俗易懂，不堆砌华丽辞藻，不过度使用修饰性语言。

（四）主题要明确、结构要完整

对于公文主题的表述，有三个要求，即集中、明确、直白，中心突出，让人一望而知。另外，还应该根据中心主题对文章结构作出适当安排，力求思路清晰、层次分明。

（五）格式要规范、信息要准确

应用文种类繁多，在写文章前应该准确选择适用的应用文种类，文章要符合应用文格式的要求；对于文章里的一些信息，譬如数字、时间、人名、地名等，必须保证准确无误。

二、写作过程中要注意的四大问题

（一）写作时全部罗列，没有重点

在总结工作时要抓住重点内容，突出重要业绩与亮点，使写作更具有针对性，避免给领导造成“什么都做了，但好像什么也没做”的印象。

（二）只写好的，不写坏的

工作总结不仅是一次功劳与收获的总结，还应该是发现问题、解决问题的一次机会。对此，在写工作总结时要善于总结问题，分析原因并提出解决措施，避免以后出错。

（三）临阵磨枪，敷衍了事

写作能力的提升不是一蹴而就的事情。尤其是在写工作总结时，要在日常工作中进行积累与记录，这样才能写出一份更为全面的阶段性总结，而不会出现总结不到位的情况。

（四）不核实数据，凭印象写作

无论是在写规章制度与工作计划时，还是在写工作总结时，都要对数据信息进行再三核实，切忌凭印象写作。

第三节　写作方法与技巧

对于班组长而言，越是通俗易懂的写作技巧，越能够快速提升班组长的写作能力。本节以工作总结、工作计划、工作汇报、经验材料、心得体会、论文写作、演讲辞写作、规章制度写作与新闻稿写作九种应用文类型为范本，介绍独属于班组长的应用文写作技巧。

一、工作总结

工作总结是班组长对实践工作或者前期全部工作的总结与梳理，是一次全面回顾、分析、检查、评价的过程，能够为今后的工作明确方向，具有指导意义。

（一）工作总结的种类（图 5-3）

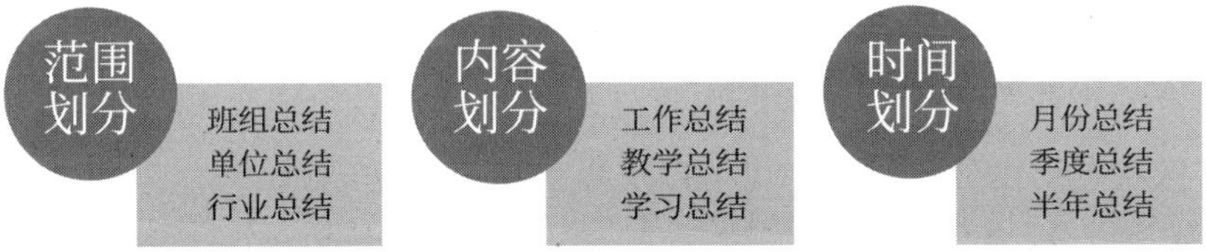

图 5-3　工作总结分类

（二）写作格式

标题：包含发文单位名称、时间期限、主要内容、文种，如《×××班组×××年×××工作总结》。

正文：开头理应抓住要点，譬如工作单位的名称、工作的性质、主要工作任务等，要清楚地将以上这些基本情况叙述出来。

主体：要层次分明，说明取得的主要成绩、采取的方法与措施，取得的效果等。

结尾：在总结经验的基础上，提出今后工作方向目标、表明决心和展望未来前景。

（三）写作技巧

1. 开好头、结好尾、突出重点

元代文学家陶宗仪在《南村辍耕录》中曾指出，“作乐府亦有法，曰凤头、猪肚、豹尾六字是也”。也就是说，写作要有精美、能吸引人的开头，丰富的主体内容以及铿锵有力的结尾。写作一定要注意构思，先搭框架，再填充内容。

2. 会总结、找典型、洞悉工作

一是将工作总结的时间范围划分清楚，罗列出主要工作内容与工作完成情况；二是了解在这个阶段面临的背景情况，整理出已经采取的措施与经验教训；三是找出典型事例，能够准确展示出工作成效；四是从发现工作中存在的问题出发，找到问题出现的原因加以分析。

3. 会结合、从理论联系实践

要学会用理论联系实践，从现有的工作资料中挖掘出能够与工作总结相结合的东西。理论联系实践也就是指将文章观点与现有事例相结合，既可以从观点出发寻找事例，也可以从事例出发总结观点。

4. 具有指导性

做工作总结不只是对已有成绩的肯定，更重要的是找到工作中存在的问题与不足，从而能够吸取经验和教训，指导今后的工作。因此，工作总结是一次自我剖析的过程，可以实现对自我更深层次的认识，从而达到对未来工作的指导。

5. 万能公式

第一步：阐述工作业绩。完成了哪些工作，取得了哪些业绩，工作计划与实施情况。

第二步：分享亮点经验。提升了哪些效率，节约了什么成本，优化了哪些流程。

第三步：进行问题分析。当前面临的挑战有哪些，分析问题原因，有什么改进的建议。

第四步：制定未来计划。接下来的工作计划，制定未来工作目标。

工作总结模板如图 5–4 所示。

×××班组×××年工作总结

×××年，×××班组在×××区队的正确领导下，紧紧围绕安全生产这个中心，奋力追赶超越，各项工作实现了齐头并进，取得了较好成绩。

一、主要指标完成情况

生产任务、安全管理、安全生产标准化、全员工效、成本控制……

二、重点工作开展情况

安全工作稳定良好、生产任务完成较好、班组建设长足进步、成本管理成效明显、班组创新实现提升。

三、存在不足与问题

（一）安全管理没有做到严深细实

（二）生产组织没有做到高效有序

（三）班组建设没有做到常抓常新

四、未来一年工作计划

（一）持续加强安全管理，推动安全管理向严深细实迈进，确保安全生产平稳运行，实现全年控制指标。

（二）持续加强生产管理，推动生产管理向高效有序升级，确保生产工作正常开展，完成全年生产任务。

（三）持续加强班组建设，推动班组建设向一流目标迈进，确保班组建设常抓常新，达到上级考核要求。

×××班组将在认真总结×××年工作的基础上，坚决贯彻执行×××区队的工作部署，紧紧围绕安全、生产、经营及班组建设等中心工作，以更加奋发有为的精神状态，持续加力追赶超越，为×××区队完成下一年任务指标作出积极贡献。

图 5-4　工作总结模板

二、工作计划

工作计划是指对未来一段时间内的工作的设想与安排，能够全面、合理且有序地安排工作，增强工作的预见性，从而更好地推动工作落实。

（一）工作计划的分类

规划：计划时间长远（超过一年），目标宏大。

安排：计划比较切近与具体。

方案：计划比较繁杂、全面。

要点：计划比较简明、概括。

设想：计划比较粗略、雏形。

（二）写作格式

标题：由单位名称、适用时间、具体事务、文种，四部分组成，如《××× 班组 ××× 年度生产作业计划》。

正文：列出工作目标、工作任务，提出具体的实施步骤、措施方法与要求。

结尾：发出号召，提出希望。

（三）写作技巧

1. 内容全面，方向正确

工作计划写作要具有系统性与整体性，要保证内容全面，这里的内容全面并非不分轻重缓急，也不是全部罗列，而是运用系统思维对工作进行总体的谋划，分清主次、轻重，找到正确方向，进行合理安排。

2. 目标明确，计划准确

工作计划的目标是要具体的，要符合具体、可量化、能实现、注重结果与时间限制五个条件。尤其是在生产任务计划中，一定要明确任务，把主要任务目标明确，从而在后续能够检查和评估。

3. 文字简练，条理清晰

工作计划尽量采用总分的结构，开头写出计划的总体思路与要求，后面展开分类，可采用分类罗列法，一级标题为工作类别，二级标题为具体措施与任务。工作计划模板如图 5–5 所示。

×××班组×××年第一季度生产计划

为确保全年生产任务的全面完成，依据区队下达的年度生产计划，特编制本生产作业计划。

一、目标任务

计划完成原煤生产×××吨，其中，一月份计划×××吨，二月份计划×××吨，三月份计划×××吨。

二、重点工作开展情况

安全方面、生产方面、设备方面、材料方面、人员方面等。

三、保障措施

（一）加强安全管理

（二）加强生产组织

（三）加强设备管理

（四）加强材料保障

（五）加强人员配备

……

图 5-5　工作计划模板

三、工作汇报

工作汇报是一种书面材料，主要在班组长向工作单位的上级领导汇报工作的时候需要用到，是一次对工作的总评价、总检查与总分析。

（一）写作格式

标题：比如《×××班组×××工作汇报》。

正文：包括汇报的背景与原因、工作开展的具体情况、实际采用的工作措施、获得的工作成效以及存在的问题。

结尾：对接下来工作的设想、对开展工作提出意见与建议。

（二）写作技巧

1. 实事求是，讲真话

减少叙述过程，着重叙述实质性的内容。多讲实话、真话，减少套话与空话。

2. 讲重点、有特色

注意少说一般性的贯彻情况，要根据自身工作情况讲重点，突出特色，不能千篇一律。

3. 条理清晰，详略得当

工作汇报是要给上级看的，如果写得过于烦琐复杂，上级领导就会看不下去，也不知所云，就失去了汇报的目的。

工作汇报模板如图 5–6 所示。

××× 班组 ××× 工作汇报

根据工作安排，现将 ××× 班组班组建设情况汇报如下：

一、班组基本情况

这部分重点介绍班组的基本情况，包括班组承担的主要工作、班组的人员构成及文化程度、技能水平、获得主要成绩等。

二、班组建设情况

这部分主要体现班组建设的重点工作开展情况，如安全管理、生产组织、技术创新、质量管理、成本控制等等，一定要突出重点、体现亮点，并讲出工作中的体会、不足和问题。

三、今后工作设想

这部分重点写下一步工作打算和对关键问题的意见和建议；通常情况下，意见和建议可以不写，除非此项建议事关今后工作开展的效果，如果不提出，会对今后工作产生不利影响，期望上级知晓并给予支持和解决。

以上汇报如有不妥之处，敬请批评指正。

图 5-6　工作汇报模板

四、经验材料

经验材料是一种文字材料，主要是在党政军机关、群众团体、企事业单位中使用，目的是表扬并嘉奖先进人物、传播先进事迹、交流以及推广成功经验。

（一）写作格式

标题：根据写作内容直接表明主题、概括内容即可。

正文：开篇言简意赅，直接介绍所在单位的一些基本情况，着重写出主要工作成果。例如，采用夹叙夹议的方式，具体说明主要做法和感受，做法中有感受，感受中又有做法；采用分开式，可以先写在工作中的具体做法，再写由此产生的感受。

结尾：概括总结，统一认识，具有说服力。

（二）写作技巧

1. 句子要短、巧、精

句子太长，阅读起来会让人感到十分啰嗦，理解费劲，没有感染力与说服力。因此班组长在写经验总结时要通过变换表达方式缩短句子，给人简洁干练的感觉。

2. 主题具体，口子要小

在选定经验材料的选题时，不能贪大求全，什么都想写，什么都想要，这样容易使内容空泛，没有实际意义。因此，将选题拟定的越具体，越能从中提取到确切的经验成果，能够起到以小见大的作用。

3. 强化主题，结句是关键

结句可以有以下几种：一是概括式，如通过这一经验，提高了班组的工作效率，形成了良好的工作氛围；二是表态式，如大家一致表示……；三是表扬式，如得到了上级的肯定，值得大家学习；四是行动式，如我们将继续努力，对标先进，追赶超越。

五、心得体会

心得体会是指读书学习、培训学习、参观学习或者从事某项工作后的感受性文字写作。

（一）写作格式

标题：心得体会、学习体会、工作体会、读后感以及观后感等。

正文：开头重点写清楚本次心得的由来，内容与意义，如培训心得体会写出培训的方式、内容与意义。主体写从中学到了哪些、感受最深的有哪些、对自身有何帮助、如何运用到今后的工作当中。可用列举方式，如一是、二是、三是……。

结尾：概括总结，提出今后努力的方向。

（二）写作技巧

1. 与实际工作相结合

重点是谈自己的看法，提出自己的见解，并能与实际工作结合起来，对促进自身工作具有指导意义。

2. 实事求是，真情实感

心得体会写作要实事求是，不作假，语言简洁生动，让人看后感同身受，能够打动人、感染人。

心得体会的写作模板如图 5–7 所示。

班组长培训心得体会

本次公司组织了班组长学习培训，通过集体培训的方式授课，是为了能够提升班组长的整体素质，本次学习让我受益匪浅，从中收获良多。

班组长是兵头将尾，一举一动影响着整个班组的工作进度，对班组建设有着至关重要的作用。本次培训中，我学习到了……，让我深知作为一名班组长的重要作用。以下是我的培训体会：

一是在工作中要充分发挥出主观能动性，主动扛起班组的责任……

二是作为班组长要不断提高自身的工作能力……

三是在管理班组中要及时与成员进行沟通，做好桥梁……

四是要不断学习，不断进步，学习永无止境……

我相信，通过我自身的不断努力，一定能够将班组管理得更好。通过本次培训，我已经有了具体的工作目标，能够在今后的工作中不断落实，争取为班组、为企业作出应有的贡献。

图 5-7 心得体会写作模板

六、论文写作

（一）写作步骤（图 5-8）

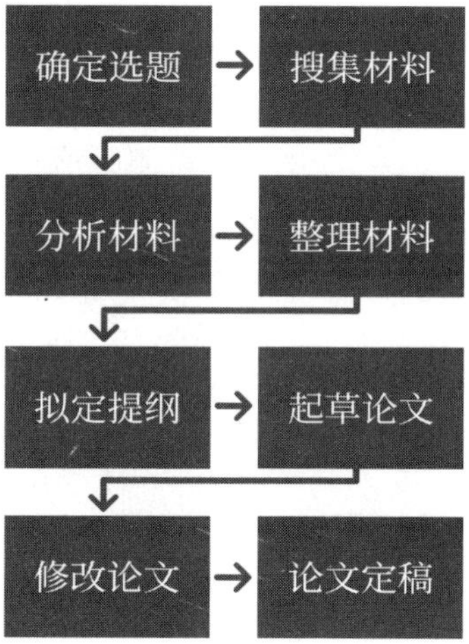

图 5-8　论文写作步骤

（二）写作格式

标题：标题要简练、准确、醒目，作用在于概括论文的中心论点，揭示文章的论题；吸引读者，使其产生阅读的兴趣。

摘要和关键词：摘要是对论文主要内容的摘录，具有概括性。关键词可从论文的题目、摘要与正文中提取，一般要有 3 ~ 8 个词汇。

正文：开头，即绪论或引言，应该概述写作意图，说清楚论文选题的目的和意义；论文的主体必须阐明陈述论题、摆出论点，列出论据，证明论点，解决问题。

结尾：论文的结论部分需要对整篇文章进行回顾与总结。

（三）写作技巧

1. 开头要一针见血，简洁精彩

开门见山，一针见血，点出主题；简洁精彩，明确集中；引人入胜，富有魅力。

2. 正文要层次分明，脉络清晰

摆出所研究问题的论点与论据，运用归纳、分析、综合等形式对研究问题进行论证，注意段落分层。

3. 结尾要高度概括，首尾呼应

总结全文，完成主题；点名开头，首尾呼应；精简准确，不做赘述。

论文的写作模板如图 5–9 所示。

如何建设一流班组

摘要：

关键词：

班组是公司最基层的组织单元，是各项生产活动的基本单元和生产效率高低的运转单元，在公司各项方针政策贯彻及任务落实上发挥着不可替代的作用。建设企业一流班组……

一、建设一流班组面临的重要性

第一，

第二……

二、建设一流班组面临的问题

第一，

第二……

三、如何建设一流班组

第一，

第二……

总而言之，建设一流班组……

图 5-9　论文写作模板

七、演讲辞写作

演讲辞是指竞聘演讲、就职演说、会议主旨发言、典礼致辞、演讲稿、讲话稿等等，发表建议和主张，提出号召和倡议。

（一）写作格式

开头：亮出主题，开门见山；交代背景，说明事由；抛出问题，引发好奇。

主体：层次分明，并列阐述；层次递进，深化主题；内容生动，通俗易懂。

结尾：概括总结，发出号召；简洁有力，干脆利落；升华主题，感情丰沛。

（二）写作技巧

一是准确表达演讲的内容，帮助作者理清演讲思路。

二是有效掌握演讲的速度，多练习，严格控制时间。

三是内容要写得贴合实际，通俗易懂，有助于消除临场时的紧张、恐惧心理。

四是语言要具有感染力、针对性，可以引发共鸣。

八、规章制度写作

规章制度即日常工作活动的规则。

（一）写作格式与结构

1. 章条式

章条式写作主要用于内容较为全面、系统，原则性强而且条文较多的规章制度，比如法规、条例、规则等。章条式规章制度的结构如图 5-10 所示，其写作模板如图 5-11 所示。

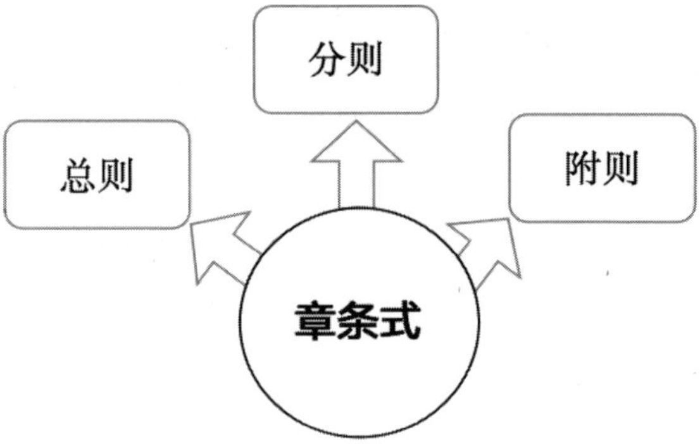

图 5-10　章条式结构

企业管理规章制度

第一章　管理总则

第一条……

第二条……

……

第二章　职工守则

第一条……

第二条……

……

第十章　附则

图 5-11　章条式规章制度写作模板

2. 条文式

由前言和主体构成，前言不设条，概述制订该文的目的、依据、性质、意义。正文部分则分若干条款交代各项规定的事项。条文式规章制度的写作模板如图 5–12 所示。

员工手册

序言

欢迎你成为公司的一员。从现在起，你的工作与成长将于公司紧密联系在一起。本《员工手册》是公司全体员工的基本行为准则，每位员工应对其所述内容熟记于心，并自觉遵守执行。

第一章　职工守则

第一条　遵守事项

第二条　考勤制度

一、

二、

……

第二章　安全守则

第一条……

第二条……

……

图 5-12　条文式规章制度写作模板

（二）写作技巧

1. 具有规范性

一是在内容上要符合法律规定；二是在写作上确定好执行的范围、标准、要求等，便于实施与执行；三是要切合实际，合情合理。

2. 具有约束性

约束成员什么可以做，什么不可以做；标明生效时间与废止时间；写清对违规者的处理与惩罚。

3. 具有严谨性

条文表达上要具体明确、准确严谨，不要态度模糊或者条文之间相互矛盾。制定后要经常检视，不断完善更新。

九、新闻稿写作

（一）写作方法

新闻稿的写法结构为：标题、导语、主体、结尾，并在文中穿插背景。新闻稿的写作模板如图 5–13 所示。

· 标题必须简明、准确地概括消息内容，确保报道的事实性。

· 导语需要使用简单明了又具有生气的文字，把一则新闻消息中的主要事实讲述出来。

· 主体在导语后面，是对导语做出的进一步阐述，详细说明新闻事实或进一步突出新闻的中心。

· 结尾，要对全文进行总结。

×××公司 2023 年班组长素质提升培训班开班

（导语段：简单交代培训开展的时间、地点、人物、起因等要素，语言要精练。）

为全面提升班组长管理能力和综合素质，进一步加强基层班组建设，2023 年 9 月 3 日，×××公司第一期班组长素质提升班在 XXX 公司培训中心开班，来自 XXX 公司下属各单位 100 余名班组长参加了培训。

（主体段：主要介绍培训内容、培训过程、培训方式等，重点要突出。）

本次培训特邀×××等专家担任培训老师，分别讲授了如何做一名称职的班组长、白国周班组管理法、班组长管理能力训练、现代化矿井班组建设与班组管理经验等内容。课程立足于现代企业班组管理的现状和发展的需要，辅以案例分析，讲解深入浅出、内容丰富实用。

（结尾段：介绍培训的意义或未来的预期，总结要有力。）

培训结束后，学员们纷纷表示本次培训内容翔实、形式多样，为日后班组管理提供了新鲜的思路，有利于进一步推进和谐班组建设，促进企业又好又快发展。

图 5-13　新闻稿写作模板

（二）写作技巧

1. 新闻稿六要素

新闻稿在写作的时候，包括六大要素：时间、地点、人物、起因、经过和结果。一篇完整的新闻稿都要具备这些要素，保持这样的逻辑，才可以清晰地进行整篇文章的撰写。

2. 关键词的选用

关键词的作用在任何文章里都是非常重要的，能够准确反映出文章的主旨和核心。关键词在文章中的数量需要合理设置，500~800 字以内尽量控制在 4~5 个，文章的标题以及开头结尾必须要出现，但注意不要过度使用。

在撰写新闻稿的时候一定要思路清晰，知道重点信息是什么，合理地安排整篇文章的结构，明确整篇文章的主旨，围绕主题进行论述。

第六章　提升交流能力，实现高效沟通

班组管理最离不开的就是“说话”二字，班组日常交流沟通、演讲比赛，以及与上级的沟通汇报，都需要班组长具备超强的沟通和说话能力。掌握说的技巧，班组长可以提升沟通能力，有利于实现对班组的高效管理。

第一节　敢说，把握讲话机会

日常工作生活中，很多人因性格等问题，常常羞于表达，不敢说出自己的想法或者见解，害怕说错，害怕得不到别人的肯定。作为班组长，既要管理班组成员，还要与上级进行汇报、交流，作为上传下达的“桥梁”，最重要的就是说出来。敢说，才能让班组成员了解自己的想法；敢说，才能与上级领导更好地沟通；敢说，才能在汇报中积极展现班组形象。所以，班组长要鼓起足够的勇气，培养敢说话的习惯。

一、学会获得支持

想让自己说的话引起他人注意，自己又人微言轻，这时候不妨尝试帮别人说话。当我们在一些场合为别人发声、替他人说话的时候，无形之中也扩大了自己的影响范围，同时也可以获得他人对自己的好感。

比如我们在日常谈话交流中可以这样说：“我觉得某某的话挺有道理的”“我比较赞同某某的说法”“我觉得某某说得对”等。这样可以很自然地引起对方的注意。

二、学会换位思考

在我们说话的时候，往往会进入一个自作聪明的误区，就是老感觉自己的想法是对的，自己对某件事很有见地，总想着去为别人指点迷津，结果你说的话在别人的耳中成了说教，导致让人不易接受，甚至会导致好心帮倒忙，费力不讨好。

所以讲话的时候要学会换位思考，当你主动站在对方角度说话的时候，往往更容易找到解决问题的方法，且拥有了灵活应变的时间，对方也更容易接纳你的建议。

三、学会释放热情

情绪是最容易感染到别人的。在大笑的人的身边，总会让你不自觉地嘴角上扬；遇到愁眉苦脸的同事，可能也会影响你工作的心情。

所以，如果说话的时候我们饱含着洋溢的热情，就会牢牢地吸引到别人的注意力。情绪是个引子，在激起别人兴趣的同时，更容易让自己的观点得到大家的认可。

最后，要提升自我，丰富阅历。在空余时间多读书、读好书，从中总结出好的词汇与句子。通过不断的积累，说出的语言也会逐渐有力，具有哲学性，成长为语言的巨人。“沉默是金”是一种事不关己的态度，而敢于说话，才是为了自己的信心正名。

第二节 会说，实现有效沟通

在班组管理中，沟通的关键点在于用什么样的方式能够让对方更好地接受，而不仅仅是沟通的内容。班组长在与上级、下级和平级进行沟通时，要运用不同的方法和技巧，这样才能使沟通更加有效，使工作更好开展。

一、与上级沟通，主动实现领导的期望

管理与被管理是相对统一的，班组长要想管理好班组成员，成为一名优秀的基层管理者，就要先做好下属，学会被管理，也就是主动去实现领导的期望。

（一）完成从“他帮你想”到“你帮他想”的转变

在传统的班组管理中，班组长对待领导下达的命令只是听从、遵守和照做，很少表达自己的观点。在现代班组管理中，班组长要学会站在领导的角度，思考他需要什么、想要什么，在这个过程当中合理提出自己的观点和建议，从而实现“你帮他想”的转变。

（二）牢记“三个多”，多汇报，多沟通，多称赞

多汇报就是保持主动，树立主动与上司沟通的意识。领导需要处理的事情很多，许多事情班组长不去主动问，领导或许很难想起来。只有多主动向领导进行汇报，才能让工作做得更有效，减少走弯路的可能性。

多沟通就是主动让领导了解你。一个企业中有很多个班组，领导不会对每个班组长都十分了解。因此，班组长要学会变被动为主动，找机会让领导认识你，并了解你。比如，在班组管理中遇到问题时要勤沟通，不怕你不会，就怕你不问。

多称赞即适当地称赞领导，这也是对领导的尊重。称赞领导绝不是“溜须拍马”，而是要对于领导强大的业务能力和管理能力真诚地表达自己的敬佩之情；在与领导沟通时，要学会倾听，从领导的言语中找到与自己观点的契合之处，从而巧妙地表达自己的观点，得到领导的肯定。

（三）用行动与事实说话

说得好不如做得好，做得好也是有效沟通的关键。

在领导布置任务后，班组长先要与领导进行确认，这样做的好处是能够确认接收的信息是否全面正确，避免工作中出现遗漏和错误。

要在执行任务前制定好计划，并按照计划进程主动向领导汇报，保证任务的有效执行。

（四）掌握汇报的方法与技巧

班组长时常会向领导汇报班组的工作情况，在和领导说的时候，也要掌握一些技巧。

在汇报工作之前，班组长需要提前以提纲的形式将汇报内容罗列出来，这样汇报的时候会更有条理，也更加清晰。

在汇报工作的时候，班组长不要拖沓，而是要简明扼要，因为领导比较忙，没有太多时间去听一些无关紧要的报告。

在总结汇报的时候，班组长一定要及时向领导反映工作中的难题与困难，让领导对班组的工作情况和进度有一个全面的认知。

二、与下级沟通，做有信服力的领导者

在与下级沟通时，班组长就是一名领导者，要树立个人威信，成为有信服力的团队领导者。

（一）下达指令时要准确，不能含糊其辞

班组长在布置工作任务时，要精准明确，遵循目标管理原则，即“具体性、可测量、可实现、相关联、有时限”，如图 6–1 所示。

“具体性”指绩效考核指标必须要明确、具体，有特定的考核流程与标准。

“可测量”指绩效指标是数量化或者行为化的，验证这些绩效指标的数据或者信息是可以获得的。

“可实现”指绩效指标的设定要在合理范围内，不能超过员工的日常能力水平。

“相关联”指绩效考核要与工作有关联，不能脱离日常工作。

“有时限”指设定相应的日期，规定在特定时间内完成目标。

图 6-1　目标管理五大原则

（二）及时跟进，不做有头没尾的领导者

分配好任务之后不等于本次沟通就完全结束了，班组长后续还要与成员继续交流，及时获得反馈。如此一来，成员日后在工作中遇到问题时就更愿意与班组长交流，反馈问题。

此外，与下级沟通时还要注重场合。即便你是领导，也不能有“什么都要听我的”这种心态。在开班前会时，如果班组长当着大家的面就严厉质问某一个成员为什么工作完成得如此差劲，劈头盖脸就将其训斥一番，容易使整个班组陷入僵局。班组长作为管理者，情商要高，沟通要注意场合和方式，并不是所有的沟通都要摆在明面上，有时候一对一的沟通反而更有效果。

（三）与下级沟通时的三个要点

一是控制情绪，学会和成员理智沟通。沟通的最终目的是解决问题，班组长以冷静、理智、心平气和的状态与成员共同分析问题所在，这样才能事半功倍。

二是放下架子，学会和成员平等沟通。在沟通时要放下“架子”，尊重成员，平等沟通，这样才能真正获得成员的认可，被成员接纳，否则成员可能只是在表面上听从命令，实际上却会私下抱怨。

三是换位思考，站在成员的立场思考。沟通交流最好的方式是换位思考，站在对方的角度，想人之所想。所以，班组长在与班组成员产生分歧时，不仅要站在班组长的角度进行思考，还要站在班组成员的角度去思考，了解和体会成员的内心想法，在顾全大局的情况下，找到共生点与融合点。

三、与平级沟通，站在对方的立场思考

平级之间的沟通要遵循三项原则、运用三种技巧。

（一）遵循三项原则

原则一：提问题代替批评

平级之间产生矛盾，意见不统一时，要避免批评、指责，否则会激化矛盾。必须时，可通过提问题的方式，将矛盾焦点转移到问题上，在解决问题过程中巧妙化解矛盾。

原则二：让对方说出期望

明确对方想要什么，自己能否提供或满足，不轻易承诺，但承诺之后必须要做到。

原则三：顾及对方的自尊

尊重他人就是尊重自己，在交流沟通过程中，要注意说话方式，顾及对方的自尊，不卑不亢，谦和恭敬地表达自己的想法。

（二）运用三种技巧

技巧一：加强情感沟通

加强情感沟通就要做到不生嫉妒心，有格局、有宽度，当同事获得荣誉或者取得成绩时，要发自内心地赞扬与祝贺，付出真诚、真心才能愉快沟通。

技巧二：提供支持帮助

在同事需要帮助时，尽自己所能为其提供帮助。请同事帮助自己时，也要考虑自己可以为他人提供什么帮助，从而实现互帮互助、合作共赢。

技巧三：主动承担责任

主动承担责任是一种担当，展现出一定的格局。因此，遇事不要退缩或者推脱，主动承担责任，可以让领导看到你的气度，更可以让同事看透你的品格，更愿意主动亲近。

第三节　精彩说，学会展现自己

当今社会，演讲与口语表达的重要性越来越被人们所注重。一个人的语言表达往往显现着这个人的思维逻辑、知识体系等综合实力，借由口才建立良好的个人形象对一个人的职业生涯是十分重要的。拥有好表达能力，能“说得精彩”，就有很大可能改变自己的命运。

一、学会展现自己

竞争压力随着社会经济发展不断变大，被动期待“伯乐”赏识、盲目信奉“是金子总会发光的”已逐渐不合时宜。因为和你能力水平相近的人很多，甚至比你优秀的也大有人在，如果不抓住优势特点自我宣传、主动表现，可能就会失去机会，你的才华也可能会随之埋没。因此，要珍视和充分利用每个展示自我的机会，学会“推销自己”。

演讲是通过语言展示自己的最佳途径。通过演讲，一个人可以充分向外界表达自己的价值观念、思想感悟，让人们看到自己的才华、价值和能力，从而获得更多更优质的成功机会。

参加演讲是比拼实力的活动，有很多好处，对于个人的成长有重要的帮助。我们要抓住每一个可以展示自我的机会，去精彩地讲、精彩地说。比如参加社会、企业或行业举办的演讲比赛，在一些重大节日活动上发表演讲，在一些集体活动上发表演讲。

演讲能体现一个人真实的、多方面的综合素质能力，也会对很多现代社会沟通交流需要的能力进行集中锻炼和提升，如写作能力、认识问题与分析解决能力、语言表达能力、个人心理素质、普通话水平等。

由此可见，演讲比赛是能够多角度完全展示个人综合实力的舞台。想要在演讲比赛上崭露头角，需要对学习能力、写作水平、思考深度、分析能力、语言能力、心理素质、仪容仪表等进行全方位积累和提升。只有这样，演讲者的闪光点才能在演讲比赛中真实呈现，才能够使组织、领导和同事有所了解，进而帮助你争取到期待已久的机会。

二、锻炼口才的方法与途径

好口才，要靠日常的积累和平时的锻炼。

（一）多读

提升阅读量，积累丰富的语言词汇是训练口才的基础。书不但能使人增长知识，丰富阅历，而且可以为语言表达积累丰富的词汇。因此，为了训练口才，应该广泛阅读各类书籍，为提高语言表达技巧打下坚实的基础。词能成句，句能成段，段能成篇，所以，绝对不可忽视平时这点滴的积累。锻炼说话方面，可以读《卡耐基口才全集》等著作，学习一些说话的技巧和方法。

（二）多看

多看口才类视频，如利用“学习强国”等 APP 观看相关视频，找到表达能力强、说话有语言特色和鲜明逻辑的“表达者”，对其说话方式、表达技巧和举止仪态进行模仿学习，以此为基础形成自己的风格。

（三）多听

多听专业的口才类课程，如利用喜马拉雅 APP 听一些优质口才类音频课程，学习专业的演讲知识和技巧。跟口才优秀的人多学习，多去倾听别人的说话，不断学习别人说话的技巧和方式。

（四）多练

语言表达也是一种技能，需要大量练习才能有质的飞跃提升。俗话说：“好口才是练出来的。”因此，敢于开口，摒弃羞怯心理，放下心理负担是非常重要的。要知道，天生擅长语言表达的“天才”很少，每个人的资质都是差不多的，怯场的心理别人也会有，只要准备充分、落落大方、轻装上阵，就很有可能脱颖而出。所以，要抓住宝贵的、可以锻炼自己的机会，勇于主动展示口才，相信自己能够表达得越来越好，才能在每一次锻炼中都让自己有所收获，不断进步。

第二篇

成长篇

第七章　在实干担当中奋进

社会主义是干出来的。习近平总书记曾在讲话中说道:“劳动模范是民族的精英、人民的楷模，是共和国的功臣。”劳动是光荣的，也是崇高的，中国特色社会主义新时代仍然是奋进者的时代。作为一线班组长，理应立足岗位，用担当谱写华章，在实干中挥洒青春。

第一节　以践促学增才干

“行是知之始，知是行之成”，学习知识向来离不开实践。班组长在日常工作中必须重视实践、坚持实践，及时应用学习到的专业知识和技能，才能增长才干，不断获得成长。

一、让工作岗位成为学习的第一现场

对于班组长来说，一天之中在工作岗位上待的时间最长，利用好这一大块时间，可以让学习效益获得最大化。那么，该如何利用宝贵的工作时间呢？

（一）钻研业务，运用岗位学习五步法

“一块好好的木板，上面一个眼也没有，但钉子为什么能钉进去呢？这就是靠压力硬挤进去的，硬钻进去的。”这是雷锋在日记上对学习的思考，后来也成了家喻户晓的“钉子精神”。努力钻研的雷锋，在忘我的工作中不断获得新的思考，不管在哪个岗位上，都坚持做到最好，最终成长为一名优秀的共产主义战士。

作为新时代的奋斗者，班组长也应该将忙碌的工作当作学习的绝佳时间，在工作实践中钻研业务技能。对此，班组长可以积极运用岗位学习五步法，如图 7-1 所示。

第一，深入了解本职工作，包括岗位职责、工作流程、常规操作以及相关原理。

第二，思考改进工作效果、提高工作效率的方法。

第三，将改进方法在工作中实施，并观察实施效果。

第四，记录并收集实施效果较好的方法，并与其他人进行分享，通过沟通获得新的思考。

第五，进行每日工作记录，不管是做得好的地方，还是做得不好的地方，真实地记录下来，然后一周做一个小分析，一月做一个大总结。

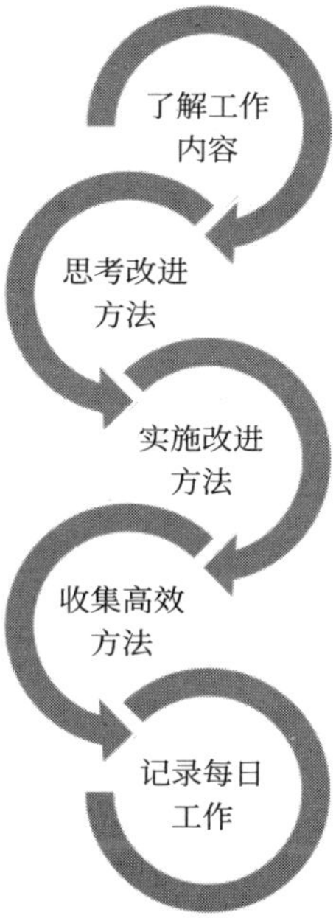

图 7-1　岗位学习五步法

（二）学会工作，试错和借用并行

掌握一定的方法，有助于目标任务的完成。在日常工作中，班组长可以通过试错和借用来提高自己的学习质量和工作质量。

勇于试错。“失败乃成功之母”，没有失败，就没有成功。从工作实践中获得学习经验也是如此，肯定是要经过一次又一次的失败，从错误中总结出对工作有益的方法。班组长对待失败也要有耐心，打起精神，可以通过工作复盘（图 7–2）从失误中分析原因、吸取教训，找到降低损失的方法，避免重蹈覆辙。

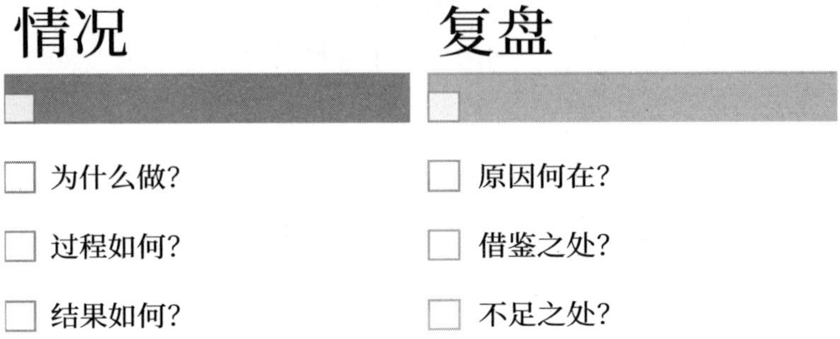

图 7-2　工作复盘

大胆借用。班组长每天的精力是有限的，无法耗费大量时间把所有事情都一一尝试。因此，适时采用“拿来主义”，也是可取的。班组长可以把学到的一些别人的成功工作经验，用于当下的工作实践，往往可以取得不错的效果。不过，这就要求班组长在工作中更为严谨细致，避免掉入前人踩过的坑。

需要注意的是，“借用”不是简单的照搬照抄，而是应该在其原有的基础上有所突破，进而创造出新思路和新方法。在具体操作过程中，班组长可以按照“借用”三部曲（图 7–3）来做。

图 7-3　“借用”三部曲

第一部曲：照做

照做，其实就是依葫芦画瓢。班组长在遇到一些难以解决的问题时，可以直接参考别人的做法，看一看别人面对同样的状况会从哪个角度思考或者从哪个切入点开始。可以说，别人解决问题的整个过程都可以直接照搬，不要想着省略其中的步骤，一步一步照着做就好。班组长在选择模仿做法时，需要选定最佳做法，如图 7–4 所示。

图 7-4　班组长如何照做

第二部曲：突破

突破，是“直接照搬”的进阶阶段，需要注入自己的思想。班组长可以从别人的经验中总结出一类难题的解决方案，并将此解决方案当作模板。

第三部曲：创造

创造，代表着更深入的思考，建立在大量解决方案的积累上。班组长在这个阶段可以通过把不同类型的难题与解决方案打乱重组，从中寻找灵感，也许可以组合和创建出新的招式。

（三）提升技能，积极遵循“五勤”法则

一月不学习，知识就会陌生；一月不工作，技能就会生疏。班组长在工作实践中学习，切记不能懈怠，不管是心、眼、手、口、腿，都应该勤快起来，即“五勤”法则（图 7–5）。

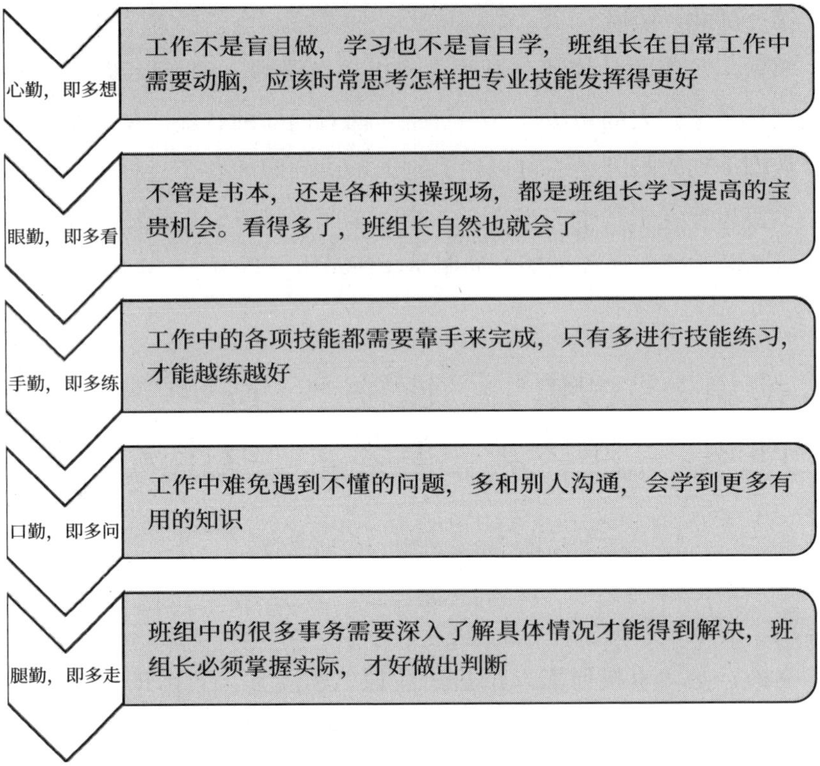

图 7-5 “五勤”法则

二、通过实践活动锻炼工作能力

实践活动是班组日常工作中不可缺少的重要内容。班组长立足岗位，积极组织并参与实践活动，可以有效提升个人工作能力。

（一）党史学习教育活动——提升政治素养

新时代，班组也有新使命。中国共产党的发展经过了重重挑战，也积累了丰富的宝贵经验，班组建设也可以从党的珍贵历史中获得有益经验。通过带领班组成员主动学习，班组长也可以更为深入地学习党史，提高思想觉悟。

作为班组长，应该在班组里开展好党史学习教育系列活动（图 7–6），包括讲党课、唱红歌、说党的故事、党史知识问答、主题诗会等。

学党史

通过班会确定党史学习教育活动主题

根据主题确定活动时间、地点、形式、流程

沟通、交流、记录、汇总学习心得

图 7-6　班组如何开展党史学习教育活动

（二）班组技术创新活动——培育创新能力

创新能力是一个班组先进的表现，也能让班组获得前进的动力。班组长在班组中可以组织并参与各种小发明、创造和革新活动，不仅能培养班组成员的创新能力，挖掘出更多好的想法，还能提高自我创新能力，从中获取更多创新知识。

（三）班组学习交流活动——提高逻辑思维

想要进步，就不能只看自己。在互相交流中，吸取借鉴别人的经验，是一种快速提升自己的有效方式。对班组长来说，参加班组与班组之间的学习交流会，是一个非常好的学习机会。通过表达自己的看法，听取他人的建议，查漏补缺，不仅锻炼了表达能力，还提升了逻辑思维能力。

实践是获得知识的最佳途径，也是成长的最好方式。通过工作实践，班组长获得所需知识，得到历练，并能够真正地感知自己，感受到工作的价值。

第二节　以赛促干强本领

在岗位练兵活动中，劳动竞赛是很重要的内容。开展劳动竞赛，不仅可以在工作中进一步形成比、学、赶、超的热烈氛围，还能激发员工提升技能水平的热情。对于班组长来说，劳动竞赛更是一个好机会，可以试出自己的真实水平，也可以极大地锻炼自身技能，并达到促进日常工作的实际效果。

一、了解劳动竞赛

七月，烈日当空，这是神南产业公司支架车间工作量最大、任务最艰难的时候。此时，车间面临着在 4 个月时间内完成 7 套 1254 台液压支架的拆解、修复和组装工作。对所有参与的员工来说，这都将是前所未有的挑战。为了提高效率、调动员工的劳动热情，保障任务完成，车间决定在支架一班、喷砂喷漆班、支架二班全体职工间开展“以赛促干强本领，提质增效保目标”主题劳动竞赛活动。

在劳动竞赛中，各班组积极参与，铆足力气，不断向前追赶。支架一班主要负责组装工作，在露天环境中汗流浃背已是常态。虽然很累，但是每个人工作的积极性没有丝毫减弱，始终保持良好状态。他们十分明确工作的任务和要求，彼此之间相互配合，还主动加班加点，把高质量圆满完成工作任务当作最终目标。

在神南产业公司支架车间的劳动竞赛中，可以看到，劳动竞赛对班组工作有着很大的促进作用。那么，到底什么是劳动竞赛呢?

简单来说，劳动竞赛其实就是为了进一步发挥劳动者的积极性与主动性、以提高劳动效率的群众性比赛活动，具有发现人才、纠正生产偏差、促进生产等作用和目的。

竞赛的核心无疑是内容。因此，对于劳动竞赛来说，它的形式与内容也是不可分割的。目前来说，班组劳动竞赛包括但不限于以下几种：

（一）横向联合式竞赛

横向联合式竞赛是指针对不同的工种或者是岗位，为了完成一个共同的目标任务，大家必须联合协作，从而产生的竞赛。在横向联合式竞赛中，虽然所有人有着一样的目标，但是每个人所要承担的具体任务并不相同，所以竞赛对每个人的要求也不尽相同。当每个人完成自己的竞赛任务，那么整个大竞赛目标也就完成了。

（二）达标式竞赛

一般来说，达标式竞赛需要按照企业的要求，制定出标头，然后再围绕这个标头开始进行竞赛。标头想要真正得到落实，就必须进行层层分解，变成更多的小指标，然后把这些小指标逐渐落实到班组、个人。由于较为数据化，所以达标式竞赛也比较方便进行考核与认定，可以根据实际的达标情况来进行相关的评比和奖励。

（三）创先立功竞赛

创先立功竞赛，比较容易理解，主要由企业先制定出一等功、二等功、三等功和特等功这些代表不同水平的等级，然后根据班组员工通过竞赛达到的档次进行表彰。创先立功竞赛将创先与立功结合，也将物质上的利益和政治上的荣誉结合，由此可以产生很大的吸引力，增强员工干事创业的热情。

此外，劳动竞赛还有夺杯赛、服务赛等各种各样具备特色的形式。

二、开展劳动竞赛

为了有效开展好劳动竞赛，提高班组成员的主动性和创造性，班组长可以参考以下几点：

（一）结合班组实际

劳动竞赛面向班组成员，需要根据本班组的实际情况，例如工种、任务、人数等客观条件，组织劳动竞赛活动。

（二）降低操作难度

劳动竞赛难度过高，容易让班组成员丧失信心与动力。因此，在操作难度上，班组长可以提前对班组成员进行集体测评，然后根据测评的结果调整操作难度。

（三）控制比赛时长

班组长在开展劳动竞赛的时候，不宜把时间设定地过长，否则班组成员在极长时间地疲惫工作下，会导致工作状态不佳，可能会进一步影响班组目标任务的最终完成。因此，班组长可以把目标任务拆解成几个小目标任务，然后在每个小目标任务下开展劳动竞赛，而且劳动竞赛之间可以间隔一段时间，这样会降低班组成员的疲惫感。

三、参加劳动竞赛

（一）在实战中练就过硬技能

专业技能是需要不断训练的，不练会生疏。相对日常工作而言，劳动竞赛的节奏更快，对个人的技能要求更高，尤其是有着任务要求，对个人的工作速度也有着很高的要求。在目标任务下，人们往往可以激发出自己的潜力，更好地完成工作。班组长在劳动竞赛中，也可以更好地磨炼专业技能，从而有效提升工作质量和工作效率。

班组长在劳动竞赛中应该带头干活，用脑分析，不怕苦累，追求好的班组工作效果。

（二）在切磋中学习先进经验

劳动竞赛是一群人的比赛，是群体协同作战。因此，在劳动竞赛中，有很多请教前辈和学习先进的机会。不管是经验丰富的老师傅，还是年轻有想法的新员工，大家面对一个共同难题，也就有了一个共同话题。在一个问题上，大家想法不同，往往能够带来意想不到的惊喜。在交流中，也常常能获得一些有益经验。

班组长在劳动竞赛中应该主动搭建平台，积极沟通、交流，及时记录一些工作上的好方法。

第三节　人人都是班组长

人人都是班组长，就是以促进班组全体员工共同成长进步为目标，全员、全方位、全过程激活每一位岗位员工的潜能，真正实现在工作中成长，在成长中进步。

从班组长一人指挥到人人参与班组管理，不仅能促进班组长个人成长，也能带动班组成员共同成长，进而深入推进班组建设。

一、建立班组轮值管理体系

人人都是班组长，主要通过“轮值机制”来实现。通过轮值，员工从被管理者转变为管理者，被赋予一定的责、权、利，开展班组日常管理工作。这种机制实现了人人担当，人人实践，人人创新，人人成长，使班组中的每个人都成为问题的发现者、改进者、创新者。

在这种模式下，班组长角色发生了转变，从监督者和管理者向教练转型，对轮值班组长进行引导和辅助。

（一）“轮值机制”操作原则

- 全员参与。除部分特殊岗位因工作性质、特点，不参与轮值外，其他班组成员均参与轮值管理。

- 权责明确。轮值班组长的职责权力和任务分配要明确，使其明确自己的工作目标和任务，在工作岗位上尽职尽责。

- 制度规范。班组长根据本班组的实际情况制定班组轮值管理制度，确保轮值班组长能够严格规范地完成各项工作任务。

- 循序渐进。根据轮值班组长的个人素质和能力，适当下放管理权，合理限定管理范围，使其更好地实现能力提升和自我成长。

（二）“轮值机制”实践应用

1. 轮值周期

轮值周期一般为一周左右，班组可根据本班组的实际情况、工作性质和轮值班组长的个人素质进行灵活调整。

2. 轮值班组长与班组长的关系

轮值班长不是替代班组长履行所有工作职责，而是在班组长的领导和辅导下，协助班组长开展工作。在班组范围内，班组长拥有最终决策权和管理权。班组长是安全生产的第一责任人，对本班组的安全生产负全面责任。

3. 轮值班组长的工作职责

在班组长的引导和辅助下，开展日常管理工作，带领班组进行安全生产；主持班组的班前会和班后会；参与当班的分配，并提出意见；合理安排班组成员的工作，做到分工明确、任务具体、责任到人，保障安全生产的顺利进行；积极解决轮值期间遇到的工作问题；主持班后会，对当天的工作完成情况、安全隐患等问题进行总结。

4. 轮值班组长的权力

轮值班组长主要具有安全生产指导、任务分配、组织协调等权力，在整个管理过程中，班组长必须对其进行跟进和指导，对工作不完善的地方进行补充。

5. 轮值班组长的评优及激励

班组内部应对轮值班组长轮值期间的表现进行评议，指出优点和不足，并依据轮值班组长评价标准定期评选出优秀轮值班组长，以帮助轮值班组长更好地成长。

二、人人当班长，成长新沃土

在班组内部施行“人人都是班组长”轮值管理模式，通过身份转变，能够激活每位员工的潜能，激活班组自主管理内生动力。

相较于之前单一的班组长管理模式，轮值班组长模式更加灵活、更加充满挑战。同时，与之配套建立起四项班组轮值管理长效机制，可以更加规范化、透明化、公正化的开展班组自主管理。

（一）分享评议机制

利用召开班前会、班后会等机会，职工轮流讲案例、讲技术、讲绝活、讲经验，大家谈看法、谈体会、谈收获。轮值班组长评议每位员工当班工作情况和所得工分，员工对轮值班组长和班委的履职情况进行评议，进一步增强交流，吸取教训，总结经验，达到资源分享、共同提高的功效。

（二）竞争激励机制

按照公开、公平、竞争、择优、及时等原则，由轮值班组长、轮值班委和班组长等共同组织，在班组内开展赛安全、赛学习、赛技术、赛创新、赛节约等活动，采取物质奖励、精神激励、提拔重用等手段，评选出安全之星、质量之星、学习之星、创新之星和优秀轮值班组长，在竞争中激励，通过激励促竞争，形成良性循环，创造比学赶帮超的良好氛围。

（三）责任链锁机制

建立“自保、互保、联保”的安全责任链锁机制，采取“三违”责任共担、事故责任共担、危险区域作业共同监护等形式，一人违章或发生安全事故，与其相联结的组织和组员要与其共同承担责任，实现人人都是安全监督员。

（四）制度公约机制

班组公约制度是指班组成员在遵守有关法律法规、标准规范等制度规定的前提下，人人起草自己岗位的工作制度，人人参与制度的讨论修订，每项制度都要经过班组共同协商研究、全员签字确认，大大提高了制度执行力。实现了制度由被动执行到主动执行、“软执行”到“硬执行”的根本转变。

企业千条线，班组一针穿。实行班组长轮值管理机制，让普通职工有机会参与班组管理、分配任务、现场巡查等，通过换位思考增强员工的大局意识，提高员工个人综合素质、责任意识、决策能力，从而推动班组安全生产工作的顺利开展。

第八章　在岗位建功中成长

班组长，是一个平凡却又不平凡的岗位与角色。班组长要把自己的工作做好，提高自身业务能力，在平凡的岗位上体现价值，在平凡的岗位上做出一番“不平凡的事业”，不断成长。

第一节　争创先进展作为

班组长作为兵头将尾，既是劳动者，又是管理者，更是班组的一面旗帜。所以班组长更要不断提升自身综合能力，不断成长，在工作中争创先进，体现自身价值。班组长可以从“五个必须”和“四个方面”来下功夫。

一、做到“五个必须”

（一）必须遵章守纪、按章操作

班组长必须把好遵章守纪的第一个关卡，做到本人无违章、无事故，给员工当好表率。遵章守纪、按章操作是安全的前提，无数次血的教训和事故几乎都与安全意识相关，与“三违”相连。作为班组长首先要强化自身安全意识，以身作则，遵章守纪，才能带领成员按章操作，保一方平安。

（二）必须把好进班安全检查环节

每班接班后，对工作区域进行一次全面的安全检查，切实做到预防、预测、预控不留隐患，及时发现隐患并进行处理、汇报，做到先安全后生产、不安全不生产。

（三）必须把好班中督查环节

对不安全的言行坚决制止，正确引导员工养成按章作业的良好习惯，积极推行现场手指口述操作法，使现场的工作紧凑，有条不紊，达到环环工作保安全的目的。

（四）必须把好质量环节

严格按质量标准组织施工，确保动态质量达标。高的质量才能保证生产安全，才能产生效益与安全的良性循环，使班组安全生产工作不断向前发展。

（五）必须把好交接班安全质量验收环节

做到隐患未整改不离开现场，下班注意事项未交代清楚不离开现场。

二、做到“四个方面”

（一）明确愿景和目标

班组长需要与团队成员共同制定明确的愿景和目标，并激发团队成员的使命感和归属感。通过明确的愿景，班组长及团队成员可以明确自己的方向，找到自己的价值所在，激发团队士气和战斗力，共同为实现团队目标而不懈努力。

（二）塑造积极正确的价值观

班组长应该塑造积极正确的价值观。班组长应该树立正直和公正的形象，以身作则，营造积极向上的工作氛围。同时，要鼓励团队成员之间相互尊重，建立合作和信任关系。班组长可以通过分享成功案例、传递正能量和鼓励团队成员的成长来塑造团队的价值观；还可以组织团队建设活动，为团队成员提供更多的互动和合作机会，加强团队的凝聚力和协作能力。

（三）注重自身及团队成员的个人发展

班组长要抓住学习机会，积极接受教育培训，以提升自身的技能和知识水平；还应了解每个团队成员的职业规划和发展需求，并为其提供必要的支持和资源。通过关注个人发展，班组长可以激发团队成员的工作动力和积极性，提高整个团队的绩效。此外，班组长还可以制定个人发展计划，并与团队成员定期进行评估和反馈，帮助自己和班组成员不断成长和进步。

（四）提升与班组成员的沟通能力

班组长应定期举行团队会议，及时传递信息和指导意见，并听取班组成员的意见和反馈。班组长可以利用现代化的技术工具来促进沟通和协作，确保团队成员都能够同步了解工作计划和进展。此外，班组长还应鼓励班组成员之间开放沟通和有效协调，以便及时解决问题和提高工作效率。

第二节　立足岗位挑大梁

作为班组长，岗位责任就是带领班组人员实现安全生产，就是要踏实工作、爱岗敬业、履职尽责。这就要求班组长首先要能够冲锋在前、带头苦干，领导班组人员共同发力，助力企业实现安全稳定和可持续发展。

一、立足岗位，团结成员

一个班组的工作，需要每位成员的配合和协作，这就要求全体成员要增强纪律意识，以团结为核心思想，面对工作中的各种困难和挑战，要相互理解、支持和鼓励。

因此，班组长要学会引导班组成员，坚持不懈地学习企业文化和专业技能，通过吸取各种知识，保持积极的上进心，让好的学习氛围成为习惯。善于发现成员的优点并加以引导，调动大家的热情，积极参与管理，充分发挥成员的主动性，不断增强团队凝聚力。

二、立足岗位，加强技能

班组长是整个班组工作的组织领导者和指挥者，也是直接参与工作的人，综合素质的高低，直接影响班组管理的成败。所以，班组长不仅要具备善于沟通、执行力强、影响力大等管理能力，还要掌握足够的技术技能、与人共事的社交能力。

除此之外，在班组管理中，沟通是必不可少的。以同理心倾听，以共情心回应，先梳理心情后处理事情，采取换位思考的沟通技巧，赞赏与批评相结合，处理事情事半功倍。

三、立足岗位，勇于创新

班组长不仅是一线生产活动的参与者，更是班组任务的执行者。作为执行者，班组长要有强烈的参与意识与创新意识，带领班组成员立足岗位，锤炼创新能力。班组长要学会扮演好兵头将尾的角色，强化班组创新实效，安排、布置、组织班组成员积极探索工作中的创新点，不断总结与凝练创新思路与方法，激励班组成员大胆创新，大胆改革，走好“出新”这步棋。

比如，可以营造一个激励创新的文化氛围，设立创新奖励，鼓励团队成员提出创意并进行实践；建立开放的创新平台，让每个人都能够分享自己的创意和经验。通过这些措施，激发团队成员的积极性和创造力，进一步推动班组创新的发展。

第三节　成为金牌班组长

班组长是企业战略目标和方针的落实者，班组长的理念和素养能力直接关系到所辖班组的战斗力和团队素质。班组长在组织中起到承上启下的桥梁作用，作为生产一线的直接指挥者和组织者，直接影响着整个班组的效益。班组长的职位虽然平凡，但所处的位置却非常重要。因此，提升自我素质和能力，努力让自己成为金牌班组长，以自己的才能充分将班组培养成一支强素质、高水平的队伍，是每一名班组长的责任与义务。

一、磨炼技能，逐梦新时代

为深入贯彻落实关于中共中央、国务院关于产业工人和技能人才队伍建设的新要求，聚焦基层一线班组长结构性、素质性短板，以优结构、补短板、强素质为导向，不断提高班组长综合素质和工作能力，全力打造具有陕煤特色的班组文化和班组管理方式，培养和造就一支素质精良、结构合理、技术精湛的班组长人才队伍，陕煤集团开启了班组长综合素质提升“万千百”工程，即计划在“十四五”期间对集团一万名班组长进行培训，培养出一千名优秀班组长，一百名金牌班组长。

该工程由陕煤集团神南产业发展有限公司神南学院组织实施。神南产业公司以陕煤集团“关键岗位多储备，精雕细琢多培育”的人才工作思路，抓骨干人才、后备人才培养，常态化开展班组长素质提升培训班，优化培训流程和课程设计，建立“金牌班组长”跟踪培养机制，完善“大学毕业生—优秀技能人才—班组长—后备管理人才”的人才培养模式，为企业基层一线关键岗位培育和储备一批高素质复合型人才，为集团跻身世界一流企业提供更坚实的人才培育体系。

乔娟，神南产业公司机电一队班组长，在陕煤集团“万千百”工程计划开展过程中，经过七个维度32项指标的积分考核，以第一名的优异成绩荣获陕煤集团“金牌班组长”荣誉称号。

巾帼展英姿，乔娟能够在众多班组长中脱颖而出，斩获“金牌班组长”实属不易。从一名“电力小白”到“金牌班组长”的蜕变，其背后是她持之以恒的坚守，是她保持初心，实干敬业，坚持学习，钻研业务，提升自我的拼搏。

2009年，刚毕业的乔娟进入神南产业公司机电班。为了能够快速上手，提升操作技能，乔娟购买了许多关于变配电方面的书籍，随身携带一个笔记本，遇到任何问题都会记录下来，听到有用的操作技巧也会及时记下。此外，她几乎每天都缠着区队上的老师傅，让老师傅为她讲解工作中遇到的一些难题。乔娟勤奋且好学，也正是凭借着这股善思、肯干的劲，她很快从一名新手变成了一名变配电技术大拿，并在2019年成为配电班班长。

十年的时光在乔娟的身上留下岁月痕迹，那个曾经懵懂的姑娘变得成熟、稳重、干练，但她身上那种坚持学习、努力提升自我的拼劲没有变。在自己潜心学习的同时，还不忘注重班组整体技能水平的提升。

为了帮助班组成员尤其是新成员快速提升技能，熟悉各系统的接线方式，懂参数、懂原理，乔娟利用休息时间翻阅大量的书籍资料，研究庞大的电路系统，结合自己多年来积累下来的工作经验与相关知识，用时一个月编写出一本《变电站运行规程》。书中详细讲解了变电站所有设备的技术参数、工作原理、运行标准、故障处理等，可以使班组新成员快速熟悉设备的结构及性能，从而保障供电系统的安全运行。这本书也成为变电站第一本可以直接使用的教材。

"金牌班组长"不仅仅是一种荣誉称号，背后更是承载着班组长的素养、能力、品性、责任感等。身为班组长，应思进取，努力提升自我，不断成长，努力将自己提升为一名"金牌班组长"，成为业务能手与技术骨干，提升自我的职业化水平。

二、提升自我综合素养的途径

做好班组长不是一件易事，成为金牌班组长更需要付出努力。要想成为金牌班组长，就需要从以下几个方面进行学习，实现自我提升。

（一）学习如何使创新在班组中落地及应用

第一步：培养班组成员的创意思考能力

首先，确定班组成员的创造力，即通过一张表格确认班组成员的创造力，见表 8-1。

表 8-1　创造力特征评价表

分数	0	1	2	3	4	5	6
人名 / 特征							
概念流畅							
头脑灵活							
独创性							
深思熟虑							
好奇心							
冲动性接受							
服务体验							
形象化							
合计							

针对这个创造力特征评价表，我们必须了解每项特征的含义。

（1）概念流畅：评估个体在生成创意方面的流畅程度。

（2）头脑灵活：评估个体在转换思维角度和观点上的灵活性。

（3）独创性：评估个体创意的独特性和新颖性。

（4）深思熟虑：评估个体对问题或想法进行深入思考和分析的能力。

（5）好奇心：评估个体对新事物、新知识或新领域的探索欲望。

（6）冲动性接受：评估个体对尝试新观念或新方法的开放程度。

（7）服务体验：评估个体对改善、优化服务或产品体验的能力。

（8）形象化：评估个体将想法、概念或信息转化为具体形象或图像的能力。

根据班组成员的实际表现，班组长可以给他们的每个特征打分，并根据总体得分评估班组成员的创造力水平，评分标准如下：0 分，缺乏能力；1 分，能力十分有限；2 分，能力有所展示，但仍然较弱；3 分，能力一般；4 分，具备一定的能力；5 分，能力较强；6 分，能力非常出色。

其次，改变员工的思维方式，跳出常见的从众定势、经验定势和保守定势。一是树立“人人皆可创新”的观念，打破“创新是专家的事情，普通员工做不了”的误区，将“人人皆可创新”的观念渗透到每个成员心中，让员工明白“不创新就是落伍”的道理，增强全员创新的紧迫感。二是班组长要营造全员创新的氛围，在班组内部营造出人人创新、尊重创新和鼓励创新的良好氛围。三是认可鼓励成员的创新想法，不管是小点子，还是大创意，只要是有效的、可以解决问题的办法，班组长都应该进行表扬和奖励。通过完善奖励机制，来激发成员创造和创新的积极性。

第二步：引导班组成员寻找可能存在的创意点

通过创意“三字经”激发灵感，即看一看、走一走、想一想，并抓住创意灵感的 6 种方法，如图 8–1 所示。

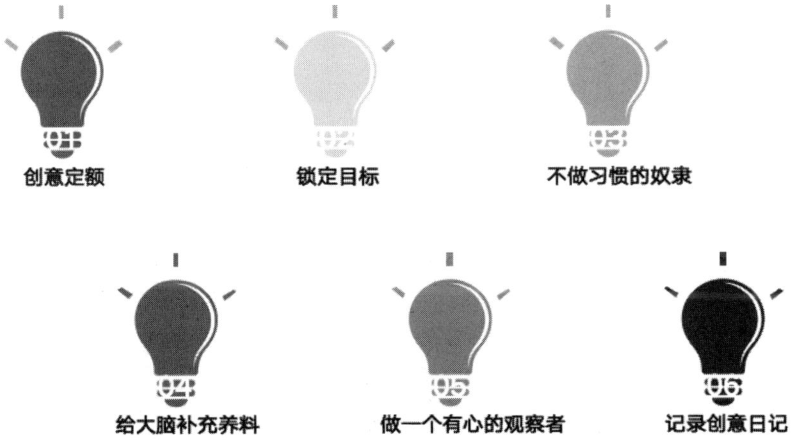

图 8-1　寻找创意灵感的 6 种方法

通过“看一看”，洞察问题，发现机遇。在班组创新管理中，大胆观察是打开创新之门的第一把钥匙。班组长就像探险家一样，需要用放大镜仔细观察周围的细节，看到别人看不到的可能性和机会。比如，通过仔细观察班组所处的生产环境，包括设备、工艺流程、人员分工等方面，注意存在的问题、痛点，并思考如何改进。

通过“走一走”，持续学习，开拓思维。“走一走”可以为班组创新管理提供充足的知识储备和灵感来源。比如，班组中可以定期组织学习分享会，鼓励班组成员分享自己的学习成果和见解；建立自主学习平台，鼓励班组成员根据自己的需求和兴趣进行学习；还可以组织外出考察，让班组成员深入了解先进班组的管理模式和技术创新。

通过“想一想”，打破思维框架，释放创意。“想一想”强调打破思维框架，以创新的思维方式来解决问题和释放创意。比如，提供创新思维培训，如头脑风暴、反向思考等，激发创新灵感；设立创新实验室，让班组成员尝试自己的创意并进行实践验证；通过跨界交流，拓宽思维边界，获得不同领域的创新启示。

第三步：做好创新成果的应用及推广

建立一个“可视、可听、可感”的班组创新成果传播体系，创造有效的传播途径，如图 8-2 所示。

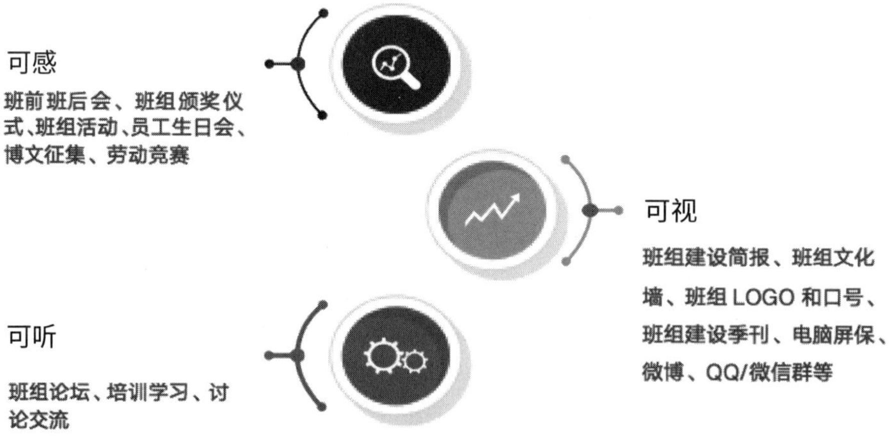

图 8-2　创新成果传播体系

（二）学习如何进行角色认知，做好职业规划

职业目标规划是班组长自我管理的一个重要环节，制定目标规划并不断优化是每一名班组长的基本要求。可以按照以下四个步骤完成职业目标规划的制定。

一是做好自我评估。自我评估主要是班组长针对个人的需求、能力、专业和性格等方面进行的全面分析，确定自己的专业短板和优势。自我评估不仅是对表面情况进行分析，还需要从更深层次进行分析，进一步挖掘自身潜力。

二是社会和企业环境分析。班组长的短期职业目标规划要注重当下企业的发展环境和现状，而长期职业目标规划则需要放眼到社会中去，紧跟时代发展。

三是制定行动方案。班组长需要将目标规划及时转化为具体方案和行动。在这一步中，班组长要重点放在可操作、可实施性上面，不要制定一些假大空的方案和行动。

四是做好评估与反馈。评估和反馈是职业目标规划的重要环节。这个环节是班组长对自己不断认知和改进的过程，也是让职业目标规划更为有效的重要手段。

在制定职业目标规划时，需要思考三个问题、树立三个目标，如图 8–3 所示。

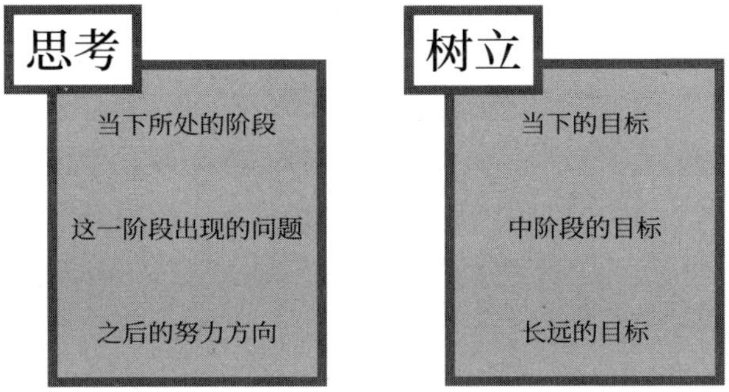

图 8-3 思考三个问题、树立三个目标

（三）学习如何保持自律，提高自己的学习主动性

第一步：为自己制定学习计划与目标，设置时间表与进度表，以便督促自己戒掉拖延性与惰性，变得积极主动、自律。

第二步：凡事做到“问一问”，对工作上的任何事保持一定的好奇心，主动学习新事物，研究新技术，持续提升自己的职业技能水平，丰富自己的专业理论知识，提高自己的内动力。

（四）学习如何强化心理素质，提高自己的困难承载力

学会应对压力和挑战是提高心理承受能力的关键。班组长要敢于正确面对困难与错误，每当犯错时，要及时承认并从中总结问题，寻找解决办法，积累经验教训，从而不断提高自己的困难承载力，强大自己的内心。

第九章　在自我提升中成才

班组长的能力、责任、管理水平等关系着“企业细胞”活力。打好班组基础，更要先打好班组长的素质基础。如果说言传是开启班组人心的钥匙，身教更是班组前进的“风向标”。班组长要撑起班组建设的一片蓝天，需要不断提升自我，在自我提升中成长，在沉淀自我的同时为班组成员树立良好的标杆。路漫漫其修远兮，班组长心心在一职，其职必举，在磨砺中成长，在成长中提升，班组长才能走向更广阔的未来。

第一节　锤炼技能铸匠心

有这样一个群体，他们较真一毫一厘，寸步不让；他们以血泡老茧展现一颗匠心；他们追求极致，精益求精；他们在方寸之间，练就绝技。他们是匠心筑梦、技能报国的高技能人才，在平凡中坚守，在执着中尽显“中国制造”的时代精神，铸就中国荣耀！

目前，我国技能劳动者超过 2 亿人，其中高技能人才超过 6000 万人。“十三五”期间，我国累计开展政府补贴性培训近 1 亿人次，新增高技能人才超 1000 万人。新时代，一位位高技能人才立足本行业，矢志奋斗、提升技能，铸造大国重器，成为创新驱动骨干力量。

一、练就一流技艺，铸造大国重器

习近平总书记强调：“激励更多劳动者特别是青年人走技能成才、技能报国之路，培养更多高技能人才和大国工匠。”中国正处在从“制造大国”向“制造强国”转换升级的阶段，生产技术水平正在不断提高，对于生产一线班组的要求也不断提高，尤其是对班组长的技术工艺要求越来越严格。班组长可以说是工匠精神的代表，生产管理的核心。只有努力培养和造就高素质复合型班组长人才，不断提升班组长技能水平，培养大国工匠，才能创造制造活力。

二、锤炼技能的四大法则

身为班组长，刻苦锤炼技能，养成职业精神，是必备的职业素养。心在一艺，其艺必工。班组长需要掌握锤炼法则，努力在创新创造中攀登技能高峰。

法则一：打好基本功

理论是实践的基础，班组长要为自己制定一份详细的学习计划（表 9–1），扎实掌握技能理论知识，了解相应的操作技巧，将理论知识融会贯通，能够熟练通过知识进行指导操作。

表 9-1　设置学习计划表

学习目标	学习计划	学习重点	完成情况	未完成情况	学习记录

法则二：参加集训

实践出真知，班组长提升专业技能，需要参加集训，在集训过程中锤炼技艺。同时还可以通过与他人的交流与比赛，明确自己专业技能的不足之处，凭借一次次的训练与层层选拔，磨炼自己的技艺。

法则三：寻找技能导师

班组长可以寻找高级技能大师为导师。导师有丰富的经验，熟练的技巧，可以为班组长提供有效的指导，帮助班组长认识自己在专业技能方面的不足，从而以螺旋式的成长方式锤炼技能。在寻找技能导师时，不要盲目寻找，可以通过“定、看、较、似”来确定自己需要的导师（图 9–1）。

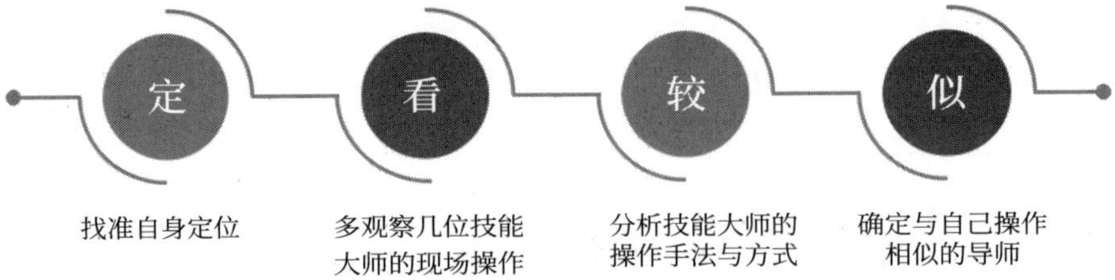

图 9-1　寻求技能导师的方法

法则四：突破舒适区

班组长要想锤炼技能就要学会突破舒适区，去碰触、尝试自己未曾触碰的水平，即便失败也无妨，不断挑战新的技能高度与技巧。如此，才能在一次次的触底中练就精湛技能，锤炼工匠精神，向着高技能人才迈进。

第二节　示范引领共成长

在全国劳动模范和先进工作者表彰大会上，习近平总书记指出，我们要大力弘扬劳模精神、劳动精神、工匠精神，强调劳模精神、劳动精神、工匠精神是以爱国主义为核心的民族精神和以改革创新为核心的时代精神的生动体现，是鼓舞全党全国各族人民风雨无阻、勇敢前进的强大精神动力。

一、发挥模范型班组长示范作用

作为新时代班组长，要立足岗位，在平凡的岗位上切切实实做出应有的贡献，树立建功新时代的梦想。同时要珍惜荣誉，保持本色，将传承劳模精神作为一份担当与责任，在班组生产经营中勤于创造、勇于奋斗、心怀理想，发挥好示范带头作用。

（一）爱岗敬业、艰苦奋斗

认真履行岗位职责，坚持事事干在前，发扬吃苦耐劳和艰苦奋斗的精神，敢打敢拼，敢“啃硬骨头”，敢“打硬仗”，能够带领班组成员共同解决班组工作中遇到的困难。

（二）细致认真、务实求效

班组管理工作一定要做细、做好，不能马马虎虎，否则就可能产生安全隐患。班组长需要细致入微地开展工作，不放过一丝可疑之处，确保说到实处，做在前头。

（三）严守规章、确保安全

在班组生产中往往存在一定的安全隐患，班组长必须严守规章制度和操作规范，并严格要求员工遵守执行，保证安全生产的顺利进行。

（四）以身作则、言传身教

班组长是本班安全生产的第一责任人，对本班的安全工作负直接责任。班组长在履行自身职责的同时，注重言传身教，积极开展安全教育活动，提升员工的安全意识。

二、成长为劳动模范型班组长

劳动模范型班组长需要做到以下几方面：

（一）不折不扣完成生产任务

班组长要团结组员，通过不断创新，开展质量改进活动，挖掘生产潜力，实现高质量、低消耗的生产目标。

做好质量控制。组织自检、互检、巡检，做好过程检验工作，包括对首件的复检和对本班组产品质量的检验，将质量控制落到实处。

做好安全防范。开展6S活动，创造整洁有序的工作环境，坚持安全第一，防范安全隐患和安全事故。

做好工序衔接。做到复查上一工序，保证当前工序，服务下一工序。

（二）着力提升四种能力

1. 专业技术能力

不断积累生产和安全技术实践经验，熟练把握与生产操纵要求相适应的技能，在班组中起到技术示范作用，关键时刻能解决技术困难，能够指导下属并向上级提供建议，帮助正确决策。

2. 解决问题能力

班组长必须善于发现问题，敢于直面问题，勇于解决问题，要能找出问题的症结，并及时地采取对策和措施解决问题。

3. 指导培养能力

班组长应经常对员工开展业务指导，传授必要的知识及方法，指出其不足之处，以此来帮助他们成长和进步。

4. 自控和约束能力

管理者必须要有很强的情绪控制能力。班组长要能够控制自己的情绪，约束自己的行为，不违章、不违纪，这样才能获得员工信任。

（三）严格坚持五条戒律

不要说“我办不到”等丧气话；不要萎靡不振，要振作精神；不要感情用事，要心绪稳定；不要停步不前，要经常“充电”；不要轻言放弃，要奋发进取。

在此基础上，班组长还要积极从身边寻找示范榜样，聆听榜样故事，感悟榜样精神，凝聚奋进力量，争做时代新人。

为进一步发挥劳模工匠示范引领作用，激发职工干事热情，神南产业公司开展了“劳动创造幸福，争做时代新人”新时代劳模工匠示范宣讲活动。

全国三八红旗手、陕煤集团劳动模范马晓燕，陕煤集团劳动模范李帆，“大国工匠”“三秦工匠”冯敏，“全国技术能手”唐东，四名劳模工匠依次登台。他们结合自身经历以及人生感悟，用朴实真挚的语言讲述自己在岗位上默默坚守、匠心筑梦的奋斗故事，生动诠释了“爱岗敬业、争创一流、艰苦奋斗、勇于创新、淡泊名利、甘于奉献”的劳模精神。

2022 年以来，神南产业公司各级工会深入学习贯彻习近平新时代中国特色社会主义思想，大力弘扬劳模精神、劳动精神、工匠精神，组织劳模工匠、先进人物开展了形式多样、丰富多彩的线上线下宣传宣讲活动，让劳动最光荣、劳动最崇高、劳动最伟大、劳动最美丽的观念深植广大职工群众心中。

新时代班组长要牢固树立“老老实实做人，踏踏实实做事”的人生态度，从一点一滴做起，从平凡小事做起，以自身的实际行动，投身到各自的工作岗位中，锐意进取，务实奉献，为企业发展和班组建设努力奋斗。

未来，班组长更要勤于劳动、热爱工作、坚定信念，以更加昂扬的奋进姿态提升自己的工作能力和水平，用心用力做好工作中的每一处细节，在平凡的岗位上做出不平凡的业绩。

第三节 聚力创新谋未来

创新能力是班组长先进性的体现，是班组长不断获得成长的动力源。新时代，班组长只有具备创新能力，才能更好地完成企业和岗位赋予的使命。其中，培养创新思维是增强创新能力的关键。

一、创新思维训练方法

创新思维是班组长创新能力的核心要素。班组长若想要班组保持持续创新，就需要从思维抓起，改变思维方式，跳出常见的从众思维定势、经验思维定势和保守思维定势，不断提升创新能力。

在实践过程中，班组长可以运用三种方法进行创新思维训练。

（一）自由思考法

自由思考法即头脑风暴，是一种激发性思维的训练工具。它适用于团队，可以通过流程化的步骤、启发式的氛围，激发成员的创新思维，进而迸发更多创新活力。

（二）六顶思考帽

六顶思考帽是一套训练创新思维的系统方法，也是平行思维的工具，更是解决对抗性思维和片面性思维的一种思维方法，它可以提高团队成员集思广益的能力。

1. 六顶思考帽的应用流程

流程一：利用白色帽子，陈述问题或是创新方向。

流程二：利用绿色帽子，提出解决方案或是创新内容。

流程三：利用黄色帽子，评估解决方案或是创新内容的优点。

流程四：利用黑色帽子，质疑方案和内容的不足和缺点。

流程五：利用红色帽子，对方案和内容进行直觉判断。

流程六：利用蓝色帽子，对方案和内容进行总结，判断是否可行。

2. 六顶思考帽的注意事项

六顶思考帽是用来指明创新思考方向的，班组长绝不能以帽子颜色来对成员进行定义。

一是让成员戴帽。班组长可以作为主持人，先让全部成员戴上同一种颜色的帽子，或是用几分钟来使用思考帽，比如告诉成员，“让我们先戴上白帽子，想想关于这个问题吧。”

二是让成员换帽。在休息和调整完之后，班组长可以安排成员集体换上另一种颜色的帽子，完成思维的瞬间转变，同时让大家发现新的视角，转变自己的思考地，比如告诉成员，“现在请我们摘掉黑帽子，换上红帽子，我们现在需要做的就是靠直觉来进行判断”。

三是让成员通过帽子传递思想。班组长要引导成员通过帽子准确传达出自己的思维和想法，不要有所顾忌，即使是推翻之前的方法也不要紧。比如鼓励让成员当场说："我觉得戴上黑帽思考之后，我觉得之前的思维是错误的，部分内容甚至是不实用的"等。

（三）CAF 思考法

CAF 的全称是 Consider All Factors，意思是考虑所有因素。CAF 思考法也被称为考虑所有因素思考法，它要求在思考问题和事情的时候，要考虑到所有相关的因素，尽量避免遗漏关键因素。

那么，成员应该如何寻找所有相关因素呢？可以从以下三个方面入手：

一是从自身的因素入手。成员可以先思考自身，看是否已经尽到了全力，是否运用了新学习到的知识，是否站在创新的角度去思考问题。

二是从他人的因素入手。成员可以从他人处借鉴宝贵经验，并对照他人在进行创新思维训练时所遗漏的关键因素，进行不断补充。

三是从班组的因素入手。成员需要重点考虑班组的因素，因为成员的所有活动都是基于班组内的，所以更要进行全面、深度的思考。

需要注意的是，成员在刚开始运用 CAF 思考法的时候，可以先把考虑范围控制在 15 个最重要因素之内，之后再慢慢扩大范围。班组长和成员还要认清一个客观事实，想要将所有因素都考虑到是十分困难的。

CAF 思考法的关键也不是无一遗漏，而是教会成员在思考问题的时候，将更多的精力放在那些被遗漏的关键因素上，也就是不断找到没有被考虑到的因素。

二、班组创新遵循三大原则

要想实现班组创新，成长为创新型班组长，首先要掌握好三个创新原则，从而营造出全员创新的氛围。

（一）带动全员共同创新

班组越有创新能力，也就越具有核心竞争力。班组创新成功绝不是仅仅依靠班组长一个人，而是要依赖于全组成员。成员之间取长补短、密切配合是成功创新的关键所在。班组长要多鼓励成员，充分发挥自己的带头和示范作用，带动全员共同创新，集思广益。

（二）带着问题去创新

在创新的过程中，班组长和成员要围绕班组的生产活动、技能人才培养和工作中的重点、难点问题，进行技术革新、技术交流和技能培训等活动。在讨论和交流中，明确班组和成员个人需要解决的问题和困难，时刻带着问题去进行创新。

（三）脚踏实地地创新

班组创新的最终目的就是将创新成果运用到班组的生产和管理中，提升生产效率和质量，节约各项成本。班组长想要实现这一目的，就要脚踏实地，一步一个脚印，做诚实可信、认认真真的实干者，带领成员扎实做好各项创新工作。

新时代，创新是班组长必须具备的核心竞争力。聚力创新，才能在职业生涯中快速成长，更好地谋发展、谋未来。

第十章　在学习中实现成长

子曰:“学而时习之，不亦乐乎?”怎么样才能快乐学习呢?通过学习我们得到了收获，我们的学习就是快乐的、积极主动的，即懂得道理、学会技能，解答疑惑。步入工作岗位的学习，是为了更优秀地工作和成长。

学习是为了更好地成长，而成长是为了改变，进而成为更好的自己。

第一节　在学习中成长

不注重学习，只忙于事务，思想就容易固化。若是想不断成长，班组长就需要持续学习，在学习中掌握更多的专业技能和更广泛的管理知识。

一、学习是成功必由之路

重视学习、坚持学习、善于学习，班组长才能不断成长，才能肩负起企业交予的重任，才能不辜负企业的期待。

班组长是班组的“领头雁”，是班组的“主心骨”。从班组基本管理到班组运行发展，从班组人员管理到班组文化建设，都缺少不了班组长的付出。所以，班组长要有“重视学习，善于学习”的态度。

班组长是企业的执行者，是班组的领导者。班组长要以管理知识和专业技能为主，以其他知识为辅，实现全方位提素，不断通过学习切实提升个人素质和专业技能，成为符合新时代要求的高素质人才。

二、学习是成长内生动力

“扎根工作，为班组、企业服务”是班组长的自我要求。班组长要将学习作为实际工作中的“源头活水”，学以致用、用以促学，最终实现自身的成长。

班组长应从多方面提升自己，时刻更新自身的知识库，拓宽视野和思路，以便更快适应行业和企业的变化。

在学习中不断成长，在成长中不停学习，班组长要实现自身的蜕变和成长，同时运用所学知识更出色地完成工作。因此，班组长要一手抓理论知识，一手抓实践操作，做到理论与实践相结合，学习与成长相结合，不断提高自己的工作能力和综合素质，最终实现在学习中成长。

第二节　在成长中学习

岁月不居，时节如流，在平静的时光里，有这样一群人，工作勤勉、敬业奉献，锐意进取、脚踏实地，勇于作为、善于担当。他们是谁？是在平凡岗位创造不平凡的一线班组长。

时光不会辜负每一份努力与坚持，镌刻着班组长执着躬耕、主动作为的身影。鲛珠终会璀璨，班组长坚持在成长中学习，坚持充实自己、提升自己，做专做精做强业务技能，那小小的一片天地终不会困束奋发的心。正所谓厚积薄发，班组长会迈向更高的台阶，走向更广阔的天地。

当班组长走向更高的领导层，成为队长（车间主任）时，将会面对新的工作环境、更大的业务范围、更广泛的人际交往。要走好新路子，就更要坚持在成长中学习，做“精于工，匠于心”的引领者，自我革新思维、增强学习能力，在破与立中赢得新生、登上顶峰。

唯勤者达，要做自我突破的代言人。班组长应立足时代的高度，做人做事有正气、有信心；做到创新创造、逆向而行；做到凝心聚力、精干坚韧；做到坚守底线，扑下身子、撸起袖子加油干。

猎猎风起，这是奋进者的时代。站在企业发展的平台上，把握时代的脉搏，努力完善自己，在奔跑中成长，在成长中学习，耐得住化蛹成蝶的寂寞，才配得上明媚鲜亮的风景。

在新时代征程中，那些努力践行终身学习的人终将会获得更幸福、更美好的人生。